Atitudes para Vencer

Atitudes para Vencer

Copyright by © Petit Editora e Distribuidora Ltda., 2007
16-9-19-1.000-29.520

Coordenação editorial: **Ronaldo A. Sperdutti**
Capa: **Júlia Machado**
Diagramação: **Ricardo Brito**
Revisão: **Luiz Chamadoira**
Impressão: **Gráfica Paulus**

Dados Internacionais de Catalogação na Publicação (CIP)
(Câmara Brasileira do Livro, SP, Brasil)

De Lucca, José Carlos.
Atitudes para vencer / José Carlos De Lucca. – São Paulo : Petit,
2007.

ISBN 978-85-7253-152-8

1. Atitude (Psicologia)   2. Auto-ajuda - Técnicas   3. Conduta de vida
4. Espiritismo   5. Realização pessoal   I. Título.

07-1408   CDD: 133.901

Índices para catálogo sistemático:
1. Auto-ajuda : Espiritismo   133.901

Direitos autorais reservados.
É proibida a reprodução total ou parcial, de qualquer forma
ou por qualquer meio, salvo com autorização da Editora.
(Lei nº 9.610, de 19 de fevereiro de 1998.)
Traduções somente com autorização por escrito da Editora.
Impresso no Brasil, 2019.

Prezado leitor(a),

Caso encontre neste livro alguma parte que acredita que vai interessar ou mesmo
ajudar outras pessoas e decida distribuí-la por meio da internet ou outro meio, nunca
deixe de mencionar a fonte, pois assim estará preservando os direitos do autor e
conseqüentemente contribuindo para uma ótima divulgação do livro.

Atitudes para Vencer

José Carlos De Lucca

Av. Porto Ferreira, 1031 - Parque Iracema
CEP 15809-020 - Catanduva-SP
17. 3531-4444
www.petit.com.br | petit@petit.com.br

Outros livros do autor José Carlos De Lucca:

– *Sem Medo de Ser Feliz*
– *Justiça Além da Vida*
– *Para o Dia Nascer Feliz*
– *Com os Olhos do Coração*
– *Olho Mágico*
– *Força Espiritual*
– *Vale a Pena Amar*

Veja mais informações sobre o autor no *site*:

www.jcdelucca.com.br

O autor cedeu os direitos autorais desta obra à Casa do Cristo Redentor, instituição de amparo à criança, localizada na Rua Agrimensor Sugaya, 986, Itaquera, São Paulo, registrada no Conselho Nacional do Serviço Social sob nº 238.906/69.

O HOMEM, pois, em grande número de casos, é o causador de seus próprios infortúnios, mas, em vez de reconhecê-lo, acha mais simples, menos humilhante para sua vaidade acusar a sorte, a providência, a má fortuna, a má estrela, ao passo que a má estrela é apenas a sua incúria.

Allan Kardec

AGRADEÇO a minha família pelos constantes estímulos que dão ao escritor que insiste em morar dentro de mim. Minha gratidão a Cristina De Lucca, Américo Artursi, Andresa Honorio, Margarete Ângelo Nunes e Paula Zamp pela cuidadosa leitura que fizeram do texto e pelas sugestões que enriqueceram o trabalho.

Aos casais: Ana e Antonio Carlos Laferreira, Agnes e Giovanni Santoro, Cláudia e Luiz Saegusa, Gilvana e Jether Jacomini Filho, Iracema e Antonio Carlos Rebelatto, pelo apoio constante em minha jornada.

A Amílcar Del Chiaro Filho, que sempre me incentivou a falar e a escrever, mas a falar e a escrever com Allan Kardec.

Ao Grupo Espírita Esperança, que caminha amorosamente comigo na realização da tarefa espiritual que Deus nos concedeu.

sumário

Prefácio, 11

1   Atitude: a diferença que faz a diferença, 13

2   Superando desafios, 17

3   Persevere, persevere, persevere, 23

4   Deixe a luz iluminar, 27

5   Abra a porta para o bem, 31

6   Deus é seu técnico, 35

7   A força do entusiasmo, 39

8   Veja o melhor, 43

9   Hora de mudar, 47

10 Fale com Deus, 53

11 Não cairá, 57

12 Seja grato, 61

13 O melhor por você, 65

14	Suor ou lágrima?, 69
15	Trabalhe com o que Deus lhe deu, 71
16	Sem inveja, 75
17	Faça pausas, 79
18	Cultive a bondade, 85
19	Perguntas para ajudar, 89
20	Lápis de Deus, 93
21	Levante-se, 95
22	Perdoe: remédio para a saúde e a prosperidade, 99
23	Desapego: a arte de bem viver, 103
24	Agir para sentir, 107
25	A árvore da transformação, 115
	Bibliografia, 123

prefácio

O TEMPO alado que não pousa nos traz o momento de garimpar o solo sagrado do espírito; o conhecimento é intenso e extenso, mas ainda é pobre o exemplo da criatura em seu cotidiano.

É tempo de agir, de aprofundar-se no autoconhecimento. Jesus abriu a cortina da necessidade do amor sempre. Kardec facilitou o trânsito, explicando as energias do espírito, a Lei de Ação e Reação, a força do pensamento e da vontade, escancarando a todos que o ser prossegue sempre na sua individualidade, quer vestido na carne ou não.

Ao espírito cabe a decisão. Sim, realmente, de recorrer ao abençoado campo do espírito, pois é tempo de maioridade, quando atitudes devem refletir uma consciência mais ampla. Para tanto, é fundamental o firme propósito, a determinação de cada momento no autodescobrimento para conhecer o seu tesouro interno. Ainda hoje, após tantos ensinos, o ser humano pouco se conhece. Ter consciência de que não sabe ou pouco sabe é o primeiro passo na direção de abertura para novas e ricas possibilidades.

Nosso amigo José Carlos De Lucca, em sua própria busca, desejou compartilhar seus estudos e reflexões com todos nós. Tutelado por amigos que o acompanham em seus estudos, nas tarefas verbais, na intuição da palavra clara que conduz e conforta, foi inspirado neste novo trabalho para ser o facilitador da renovação que os novos tempos exigem, que pedem ação em si mesmo, que requerem firme vontade de descobrir-se, compreendendo que chegou a hora de nossas atitudes estarem pautadas em escolhas de paz, amor e fraternidade.

Conheça, transforme e supere a si mesmo.

Abraço a todos, lembrando sempre que o amor de Deus nos acompanha como nunca nos tempos atuais.

Do amigo agradecido,

Nelson Lobo de Barros[1]
(MENSAGEM PSICOGRAFADA PELO MÉDIUM
ANTONIO CARLOS LAFERREIRA, DA FRATERNIDADE
CRISTO REDENTOR, EM SÃO PAULO)

---

1. Um dos fundadores da Casa do Cristo Redentor, obra social espírita localizada em Itaquera, São Paulo. Economista, desencarnou em 1º de agosto de 1981, aos 69 anos de idade. Escreveu vários livros de economia e, sendo profundo estudioso da Doutrina Espírita, escreveu os livros *Mensagem do Apocalipse* e *Evangelho de João*.

capítulo 1

ATITUDE: a diferença que faz a diferença

AFIRMA André Luiz, instrutor espiritual que se comunicava por intermédio de Chico Xavier, que o sucesso quase sempre se forma com uma parte de ideal e noventa e nove partes de suor na ação que o realiza.

Muitas vezes justificamos nossos fracassos por falta de talento ou sorte. Ledo engano. Esquecemos que o sucesso depende mais do nosso esforço do que das nossas capacidades, mais de nossas atitudes do que de nossa inspiração. Não há dúvida que talento ajuda muito, porém, se ele permanecer enterrado no buraco da omissão, não vai servir para nada.

Conheço diversas pessoas talentosas, mas que hoje amarguram desilusões porque pensaram que somente suas aptidões bastariam para lhes garantir a conquista de seus sonhos.

Todos nós somos portadores de inúmeros potenciais, muitos dos quais ainda permanecem totalmente desconhecidos da grande maioria das pessoas. Somos um gigante que desconhece o próprio tamanho.

Certa feita, um admirador da pianista brasileira Guiomar Novaes afirmou a ela que daria a sua vida para tocar como ela tocava, ao que a concertista respondeu que isso não seria nada de mais, porque ela tinha dado sua vida para tocar daquela maneira.

Precisamos de mais transpiração do que inspiração. Será que estamos dispostos a oferecer nossa vida pelo objetivo que tanto acalentamos?

Será que estamos dispostos a pagar o preço de nossos sonhos?

Até quando ficaremos reclamando que somos infelizes, sem tomar as atitudes necessárias à conquista da vida feliz que desejamos obter?

Você, provavelmente, já sabe o que fazer porque tem discernimento, conhece relativamente bem quais aspectos precisam ser corrigidos, até já leu livros de auto-ajuda, assistiu a palestras, vai à missa, vai ao centro, faz terapia, mas por que sua vida não sai da mesmice em que se encontra há tanto tempo?

Por que ficamos patinando no mesmo problema anos a fio?

Por que as promessas de ano-novo se tornaram apenas promessas?

A resposta é simples: faltou-nos atitude. Faltou-nos coragem para mudar. Faltou-nos disposição para largar velhos hábitos nocivos que, de certa forma, ainda nos trazem algum tipo de recompensa ou vantagem.

Queremos que as coisas sejam diferentes; todavia, nós continuamos a ser os mesmos.

Espero que este livro seja um marco decisivo na sua vida e que, a partir dele, você mude e faça, agora, o que precisa ser feito. Aí se encontra a chave de sua felicidade.

No jogo de tênis, um dos movimentos mais difíceis é o saque. É necessário ter muita sincronicidade para arremessar a bola para o alto com uma das mãos, e, ao mesmo tempo, levar a raquete com a outra mão ao encontro da bola, fazendo com que ela passe sobre a rede e chegue ao campo do adversário dentro de um quadrado relativamente pequeno. Ufa!

Comentei com meu professor de tênis sobre a dificuldade que sentia em sacar, e ele me respondeu:

– De Lucca, o saque é o único golpe que só depende do próprio jogador. Ele lança a bola e a golpeia com a força e velocidade desejadas.

A toda hora estamos prontos para sacar no jogo da vida. Contudo, há muita gente com a bolinha na mão com medo de perder a partida ou planejando indefinidamente a jogada. Esquecem-se de que jogar é melhor do que esperar e que mais importante do que ganhar é jogar bem. Você sempre deverá se perguntar:

O que me impede de lançar a bola e iniciar o mais prazeroso torneio da minha existência?

Qual será a força que estou imprimindo às minhas atitudes?

Para qual direção estou levando minha vida?

Com que velocidade estou agindo num torneio que, a qualquer momento, pode chegar ao fim?

Se o seu sucesso depende de noventa e nove por cento das suas atitudes, isso quer dizer que, qual ocorre no jogo de tênis, você se encontra com a bola na mão, pronto para sacar o ponto decisivo e apto a ganhar a partida da sua vida. Só depende de você. E então, acha-se pronto para jogar?

capítulo 2

Superando
DESAFIOS

SE VOCÊ se encontra vivenciando muitos obstáculos, não se sinta um desventurado. Ao contrário, você apenas está sendo estimulado por Deus a mudar algo em sua vida. Superando os desafios de hoje, amanhã você estará mais fortalecido e preparado para subir os degraus da ascensão material e espiritual.

No fundo, as adversidades abrem caminhos para o sucesso, como afirma John C. Maxwell, referência internacional na área de treinamento de líderes. Isso ocorreu, por exemplo, com King Gillete, que estava tão cansado de afiar sua navalha que desenvolveu a gilete com lâminas descartáveis. O talentoso escritor Rubem Alves, ao ser indagado por um estudante a respeito de como teria se tornado um grande escritor, respondeu:

– Eu estou onde estou porque todos os meus planos deram errado.

Recordo-me de que uma conhecida trabalhou para uma empresa durante dez anos. Ela era técnica em contabilidade e posso afirmar que era muito eficiente no serviço. Em todo esse período, porém, ela jamais procurou melhorar seus conhecimentos, não reciclou competências, apenas se dedicava fielmente às tarefas rotineiras. Um dia, porém, a empresa fechou as portas em virtude de uma crise financeira, e todos os funcionários foram despedidos.

Minha amiga procurou trabalho em muitas empresas e foi somente então que se deu conta de que estava totalmente desqualificada para o mercado de trabalho. As vagas existiam, porém se exigia que o candidato tivesse curso superior em contabilidade, falasse o idioma inglês e dominasse diversos programas de computador. Em dez anos, o mercado mudou assustadoramente. Só minha amiga não mudou.

Ela me procurou queixando-se das dificuldades. Eu lhe disse: – Não reclame, pois o problema lhe trouxe a própria solução; se você está desatualizada, atualize-se.

– Mas como vou conseguir dinheiro para pagar os estudos? – perguntou-me.

Disse-lhe para arrumar um emprego, ao que ela protestou dizendo que o único trabalho que lhe ofereceram foi o de garçonete. Ótimo – foi o que respondi. – Aceite o trabalho que Deus lhe deu. Ele é tão importante quanto o de contabilista.

Assim foi que, trabalhando como garçonete no período noturno, voltou aos estudos, adquiriu as competências necessárias, e veio a ser contratada oportunamente pela própria rede de restaurantes para a qual prestava serviços. Isso explica uma grande verdade da vida:

O problema não é o que nos ocorre, mas a maneira como interpretamos o que nos ocorre.

Cada desafio exige uma capacitação específica. Quando um time está perdendo a partida, o técnico muda a tática para reverter o resultado. Por vezes, você também precisará mudar a estratégia para vencer as adversidades. Aliás, os obstáculos existem para nos compelir a mudar alguma coisa, como ocorreu no exemplo acima narrado. Minha amiga precisou mudar, pois não teria encontrado o emprego tão desejado se assim não tivesse feito.

Comece mudando você mesmo. O caminho mais certo da vida não é reformar os outros, mas se aperfeiçoar. Pense no seguinte:

1) Examine, primeiramente, seus pensamentos, pois são eles que condicionam nossa derrota ou vitória. Tudo o que somos se resume no produto do que pensamos. É quase certo que você esteja sustentando pensamentos limitantes do tipo:

eu não consigo; eu não mereço; dinheiro não traz felicidade; para mim tudo é sempre difícil; nunca chega a minha vez; não tenho sorte com nada; não vou conseguir sair dessa. Aproveitemos a oportunidade para eliminar do nosso vocabulário frases pessimistas habituais, pois a palavra tem força energética capaz de moldar o destino.

Cuidado para não ser profeta de si mesmo.

Inverta a situação. Use o pensamento e as palavras a seu benefício. Pensando e falando positivamente, poderemos superar os mais difíceis obstáculos da existência. Alimente-se com idéias e palavras que fortaleçam a confiança no êxito das suas atitudes. A atitude vencedora depende de uma mente vencedora, depende de palavras vencedoras. A benfeitora espiritual Joanna de Ângelis sugere uma frase capaz de renovar nossa paisagem mental. É um pensamento simples mas extremamente poderoso. Mentalize-o várias vezes ao dia, sobretudo nos primeiros minutos da manhã. Mas não adianta repetir a frase como um papagaio se você não acreditar no que está dizendo. Ei-la:

"Tudo posso, quando quero."

2) Depois verifique o que você está fazendo ou deixando de fazer que possa estar ocasionando suas dificuldades. Faça uma análise honesta do conjunto de suas atitudes. Nada de terceirizar responsabilidades, nada de culpar as pessoas porque não nos entendem, o mundo porque é violento, o chefe porque é exigente, o cônjuge porque é insensível, o professor porque nos reprovou por meio ponto, a economia porque está recessiva, os obsessores porque não nos dão folga. É preciso ter humildade para reconhecer que nós somos a causa de tudo o que nos ocorre. Só alcança o topo da vitória quem sobe pelos degraus da humildade de reconhecer os próprios tropeços. "Ser humilde é amar a verdade mais que a si mesmo", escreveu o filósofo André Comte-Sponville. Se você quer viajar ao Nordeste, precisa tomar a estrada que o leva ao Nordeste. Muitas vezes, porém, acabamos tomando a estrada que nos leva ao Sul. Como reclamar do nosso destino se escolhemos deliberadamente a estrada errada?

Se quisermos uma vida feliz, precisamos de atitudes capazes de gerar felicidade.

Se quisermos uma vida saudável, precisamos de atitudes que promovam saúde.

Se quisermos uma vida amorosa, precisamos de atitudes que despertem amor.

Você poderá estar pensando que tudo isso dá muito trabalho. E dá mesmo. Mas não há, honestamente, outro caminho. O resultado, porém, se mostrará extremamente compensador.

capítulo **3**

Persevere,
PERSEVERE,
persevere,

NUNCA pense em desistir. A perseverança encontra-se no alicerce da vitória. Na vida vence quem não entrega os pontos antes do fim do jogo. Jesus declarou: "aquele que perseverar até o fim será salvo".[2]

Os obstáculos são naturais e previsíveis, por isso não espere viver sem eles; estão lá para serem superados e mostrarem quanto você é capaz.

Você não teria chegado aonde chegou não fossem os problemas que o promoveram na vida. Depois de um problema solucionado, você ficou mais forte, mais confiante e até se surpreendeu com a força e capacidade que passou a ter para superar os desafios.

---

2. Mateus, 10:22.

As pessoas que hoje desfrutam de uma vida satisfatória não foram privilegiadas por Deus. Elas também enfrentaram e ainda enfrentam muitos impedimentos; apenas não desistiram diante da luta e prosseguem firmes em seus propósitos de contentamento. Norman Vincent Peale, por exemplo, ministro religioso nos Estados Unidos, havia escrito seu primeiro livro e o apresentou a diversas editoras com o objetivo de publicá-lo. Mas nenhuma delas se interessou pela obra. Depois de tantas portas fechadas, ele desistiu de seu intento e estava prestes a jogar os manuscritos do seu sonhado livro na lata do lixo, quando sua esposa pediu que ele esperasse um pouco mais, pois ela tentaria encontrar uma editora. E encontrou. O livro[3] foi publicado e estima-se ter vendido milhões de exemplares em todo o mundo.

Não jogue seus sonhos na lata do lixo.

Os sonhos estão à espera de suas atitudes para concretizá-los. Não hesite, se preciso for, em mudar sua estratégia ou mesmo se preparar com mais afinco para o sucesso esperado. A pessoa vitoriosa avalia constantemente suas metas e estratégias. Observe quem já conquistou o que você deseja, estude o que eles realizaram para chegar aonde chegaram. Examine as estratégias utilizadas pelos campeões e verifique em que você precisa

---

3. Trata-se de *O poder do pensamento positivo*.

melhorar. Siga a trilha dos vencedores, adaptando os métodos empregados à sua realidade pessoal.

Novamente volto ao jogo de tênis. Assisti a uma entrevista de uma das melhores tenistas da atualidade, admirada pelo seu saque mortal. O repórter perguntou como ela conseguia sacar com tanta velocidade e precisão. A resposta foi esclarecedora:

– No início da carreira, meu saque era muito fraco. Para melhorar o golpe, comecei a assistir a torneios entre os melhores tenistas do mundo e observava como eles golpeavam a bola no saque. Depois de meses de observação, assimilei mentalmente aquele golpe e passei a sacar como eles sacavam.

O derrotado não é aquele que não chegou ao objetivo alcançado, mas aquele que parou no meio do caminho.

Outro ponto importante será considerar que suas metas serão construídas no dia-a-dia. Não basta, por exemplo, tomar determinada decisão importante sem que você adote um plano diário de ação para chegar aonde pretende. Conta muito um pensamento de George Marshall: "Os pequenos atos que se executam são melhores que todos aqueles grandes que se planejam". Quando eu decidi prestar concurso público, elaborei um programa de estudos durante um ano. Deveria estudar seis horas diárias para que, no prazo de um ano, estivesse em condições de ser aprovado. Foi muito importante ter tomado a decisão de seguir a carreira pública; contudo, minha aprovação foi construída em cada um dos dias em que me aplicava nos estudos.

A perseverança foi o tapete que me levou ao objetivo traçado.

Ore com mais confiança em Deus e nunca pare de trabalhar pelos seus ideais, com a certeza de que, cedo ou tarde, a vitória o espera no pódio do esforço constante.

capítulo 4

Deixe a luz
ILUMINAR

"BRILHE a vossa luz" – é a motivadora recomendação feita por Jesus, a qual, uma vez posta em prática, mudará substancialmente nossa vida. Devemos nos perguntar se temos deixado nossa luz brilhar. Será que você não permanece enterrando seus potenciais? Será que os outros o enxergam como uma pessoa luminosa ou como uma pessoa opaca?

Você tem muitos talentos e nem sempre os utiliza, achando-se fraco e incapaz. Proponho que você se lembre das suas capacidades muito mais do que de seus defeitos. É impressionante como realçamos as imperfeições, como nos olhamos negativamente. Como duvidamos de nós mesmos.

Se você duvida de você mesmo, quem confiará em você?

O que deve brilhar é a sua luz. A luz a que Jesus se refere é o que há de melhor em você, seu jeito único de ser que se expressa num conjunto próprio de virtudes e capacidades próprias do seu espírito. Dizemos que uma pessoa brilha quando ela exterioriza todo o potencial de sua alma. Assim ela se torna uma pessoa de carisma, ou seja, dotada de uma força divina poderosa que nada mais é do que a expressão dos seus talentos e capacidades. Quando você se move no melhor dos seus atributos, um poderoso ímã se forma ao redor dos seus passos, abrindo caminhos para o sucesso, influenciando positivamente pessoas, fortalecendo a saúde e favorecendo a prosperidade. Para tanto, precisamos ser tudo o que podemos ser. Necessitamos romper com as barreiras interiores que nos aprisionam nas camadas inferiores da preguiça, do medo de assumir o nosso espírito e expressar tudo aquilo que ele tem de melhor. É preciso assumir a nossa essência, e não viver uma vida de aparência.

Estou de acordo com a terapeuta norte-americana Louise Hay: "Para alcançar o sucesso, devo acreditar na idéia de que sou um sucesso, em vez de pensar que sou um fracasso. O fracasso é apenas uma lição importante, e não dou a ele nenhum outro poder. Só há um poder em todo este universo, e esse poder é inteiramente bem-sucedido em tudo o que faz. Ele me criou, portanto, já sou uma pessoa linda e bem-sucedida".

É evidente que nossos pontos fracos não podem ser esquecidos, apenas devem ser estudados para serem fortalecidos, mas isso não significa que precisam ser postos em evidência.

Que a sua luz brilhe hoje em tudo aquilo que você se proponha a realizar. Somente assim você terá uma vida melhor.

Que no trabalho você não seja um simples empregado. Deixe sua luz brilhar para realizar as tarefas com toda a competência e todo o capricho possíveis.

Que na família você não seja apenas uma pessoa qualquer, um número a mais. Deixe sua luz brilhar para que todos se sintam felizes à sua volta.

Que na vida afetiva você não se torne uma pessoa que mais exige do que oferece. Deixe sua luz brilhar, e se torne tão apaixonante que o ser amado somente terá olhos para você.

Que, diante dos irmãos em rudes provações, você não fique apenas de joelhos orando por eles. Deixe sua luz brilhar para alimentar os famintos, educar os analfabetos e consolar os aflitos.

Enfim, toda vez que sua luz brilhar, tenha a certeza de que a luz de Deus também brilhará para você.

capítulo 5

ABRA
a porta para o bem

VIGIE atentamente as informações que chegam até você. Cuidado com as notícias trágicas e sensacionalistas. Analise os fatos com racionalidade e não se deixe envolver pelos aspectos menos felizes do problema.

**Você se nutre não apenas
dos alimentos que leva à boca,
mas também das idéias que
aceita em sua mente.**

Não embarque na onda de pessimismo que vem tomando conta de muitas pessoas, pois você acabará se contaminando pela virose do negativismo, de difícil tratamento.

Assim como você não se alimenta de comida estragada, evite, a qualquer custo, envolver-se por pensamentos infelizes.

Se comentarem que haverá demissão na empresa, não se veja de imediato na lista dos despedidos e indo morar debaixo da ponte.

Se algum familiar ou amigo adoeceu, não acredite que você seja o próximo candidato.

Se algum colega de classe não fez boa prova, pare de acreditar que isso também ocorrerá com você.

Se lhe disserem que a economia vai de mal a pior, não se deixe abater por previsões pessimistas, para que seus clientes continuem acreditando em seu sucesso.

Se o médico lhe fez um prognóstico sombrio a respeito de seu estado de saúde, não acredite em previsões derrotistas que a toda hora se desmoronam diante de pacientes desenganados que recuperaram a saúde, deixando os médicos perplexos.

Como nossa mente não consegue parar de pensar, preencha-a com idéias felizes e otimistas. Somente o bem nos imuniza contra o mal; o bem que se fala, o bem que se pensa, o bem que se faz.

O mal que cruzou nosso caminho encontrou alguma porta aberta em nosso proceder. O mal que vem de fora sintonizou com o mal que existe dentro. Não me refiro apenas às atitudes que visam prejudicar outra pessoa, mas também a toda negatividade dos gestos mais simples, ao impulso da crítica maldosa, da maledicência, da vingança, da vibração empolgada diante de acidentes, crimes e tragédias. Vigiemos, atentamente, pois o mal encontra muitas rachaduras em nossas inclinações pessimistas.

Sem embargo de alguns episódios trágicos que sucedem na vida social, as ocorrências felizes são em muito maior número. Os jornais costumam noticiar, na segunda-feira, o número de pessoas que faleceram em acidentes de veículo nas estradas. Ficamos alarmados com alguns acidentes fatais, porém nos esquecemos de verificar quantos não morreram, quantos voltaram para suas casas sem nenhuma problema, quantos tiveram um fim de semana maravilhoso. Certamente foram em número muito maior do que o revelado pelas estatísticas policiais de acidentes.

Tomemos a atitude de eliminar essa tendência mórbida de salientar coisas negativas.

Com razão afirmou o Espírito André Luiz que o mal não merece comentário algum. Enfim, ponha um forte cadeado na sua mente, a fim de que dramas e tragédias não façam ninhada em seu destino.

Dê espaço ao bem para que ele preencha sua vida.

capítulo 6

DEUS é seu técnico

EU SEI que você é capaz de grandes feitos, tem muitas habilidades que lhe permitem atingir metas elevadas. Mas não se esqueça de Deus, pois dele emana toda nossa força e todo nosso sustento.

Numa fração de segundos, nosso coração pode parar de bater, o ar pode nos faltar, uma simples veia do cérebro pode romper-se e nos tirar de cena.

Quanta prepotência de nossa parte quando julgamos que tudo podemos fazer sem o auxílio divino. Eu desejei muito escrever este livro, empenhei-me para tal, porém o livro só se materializou porque Deus me sustentou a vida e me ofereceu as condições necessárias para que eu pudesse escrevê-lo e publicá-lo.

O pão que chega à nossa mesa constitui oferta de Deus ao nos conceder, graciosamente, o trigo, o solo, a água e as condições climáticas adequadas para a lavoura florescer.

Seria bom se reconhecêssemos que há uma sociedade entre nós e Deus. Nossa participação societária resume-se a um percentual menor, porque a Deus pertence a direção suprema da vida. Toda sociedade só progride quando há entrosamento entre os sócios, quando cada um sabe executar a sua parte e sabe esperar, sereno, pela parte do outro. Será que temos feito a nossa parte e temos sabido esperar confiantes pela parte de Deus?

Deixemos que Deus seja o escultor, e nós apenas o barro.

Jesus nos pede para, primeiramente, buscar o reino de Deus, pois o restante nos seria dado por acréscimo. Ofereça assim o seu trabalho a Deus, você é sócio Dele, trabalha nesta grande empresa chamada planeta Terra e tem por finalidade tornar este mundo melhor. Essa é a sua missão de vida. Assim agindo, Deus haverá de o suprir de todos os recursos necessários ao cumprimento da tarefa, pois a sua missão interessa profundamente a Ele.

Deus quer o seu progresso material, porque por intermédio Dele você coopera com o desenvolvimento da ciência, da cultura e da arte.

Deus almeja pelo crescimento de sua empresa, porque ela gera empregos, sustenta famílias, e permite que as pessoas desenvolvam suas habilidades, saindo, assim, da ociosidade.

Deus deseja sua ventura espiritual, pois, a partir dela, você se torna mais humano e fraterno, mais amoroso e benevolente.

Eu ofereci este pequeno livro a Deus. Quem sabe Ele o faz circular entre os filhos que precisam das singelas mensagens nele contidas. Deus é quem sabe. Senti que o Pai me deu forças para a tarefa e, ao escrever cada linha deste livro, pude encontrar palavras de esclarecimento e de força espiritual para superar as minhas próprias dificuldades. Eu me sinto muito mais fortalecido depois deste trabalho. Quanto mais coloco idéias no papel, mais a inspiração me vem, quanto mais palestras realizo, mais conhecimento me chega por diversos canais. Quanto mais dou a Deus, mais Ele me abençoa espiritualmente.

Quando estamos espiritualmente ligados na fonte criadora da vida, andaremos sem temor e ansiedade, pois cremos na abundância do celeiro divino, na infinita riqueza de oportunidades, e assim nenhum de nós morrerá de fome ou frio, como afirmou Jesus no Sermão da Montanha. Afinal, o Senhor é nosso pastor e nada nos faltará, já escreveu o salmista Davi.[4]

---

4. Salmo 23.

O Pai Nosso, que se preocupa com as aves do céu e os lírios do campo, cuida de seus filhos com um amor muito maior.

Entrosar-se com Deus consiste em reconhecer-lhe a direção maior, saber que Sua Vontade representa o que há de melhor para a empresa da nossa vida, ao mesmo tempo que nos dá a confiança necessária para vencermos quaisquer desafios, pois como sustentou o mesmo salmista, se Deus é por nós, quem será contra nós?

capítulo 7

A FORÇA do entusiasmo

HONORÉ de Balzac, célebre escritor francês, afirmou que o homem começa a morrer quando perde o entusiasmo pela vida. Eis o sentido etimológico da palavra "entusiasmo": possuir Deus dentro de si. Cultivar nosso deus-interior significa deixar fluir os potenciais divinos que se encontram em nós em estado latente. Assim se compreende o motivo pelo qual uma pessoa entusiasmada se torna vibrante, confiante, alegre, parecendo uma locomotiva em alta velocidade. Ela tem algo divino dentro de si; o deus-interior chamado entusiasmo que ignora o medo, que não mede sacrifícios, que não se importa com barreiras, que não se abate por críticas, que tem uma força interior capaz de levá-la ao alvo determinado.

Nada segura uma pessoa entusiasmada.

A pessoa dotada de entusiasmo compreende que as adversidades nada mais representam do que estímulos para que suas capacidades desabrochem. Por isso ela adora desafios e se sente cada vez mais estimulada a quebrar barreiras. Depois de superado um limite, ela percebe como ficou mais forte e preparada para novos desafios.

O cultivo do entusiasmo potencializa nossas forças físicas e morais, aumenta nossa confiança e ainda melhora a saúde.

Quem perde o entusiasmo perde também a conexão com as fontes divinas de onde emanam a inspiração, a criatividade e a força para superar os desafios da existência. A pessoa que perde o entusiasmo estará preparando a própria derrota, envelhecendo mais rapidamente, fomentando graves doenças e cavando a própria sepultura; como se a vida a estivesse deixando, razão pela qual as forças vitais vão minguando, e depois vem a debilidade física, emocional e espiritual.

Confesso que consigo até perceber quando uma pessoa se prepara para morrer pela ausência do sinal de entusiasmo. Assim como você mede o ritmo do coração pelo eletrocardiograma, pode medir o ritmo da vida pelo *eletroentusiasmograma*. Se o aparelho não registrar nenhum sinal, procure o mais depressa possível receber uma descarga elétrica de entusiasmo para ressuscitar a vida que está prestes a abandoná-lo.

O entusiasmo brota quando temos um objetivo a seguir, quando percebemos que nossa vida tem um sentido. Quando perdemos o sentido da vida, a vida também perde sentido para nós. Com humor e sabedoria, o Espírito Cornélio Pires escreveu: "Quem quer sempre a vida mansa, eis o aviso que interessa: para aquele que descansa, a morte vem mais depressa". Por isso muitos desencarnam depois que se aposentam, muitos se deprimem após o falecimento de algum familiar querido. Para o Espiritismo, a nossa passagem pela Terra tem dois objetivos:

a) propiciar-nos experiências evolutivas;
b) pôr-nos em condições de cumprir nossa parte na obra da criação.[5]

Eu me entusiasmo pela vida quando descubro que Deus me colocou entre irmãos para que, a partir das minhas aptidões, eu possa contribuir para a construção de um mundo onde a paz, o amor e a justiça reinem em definitivo. Lembro-me de Chico Xavier que, mesmo com a saúde debilitada, continuava a produzir na mediunidade, afirmando que gostaria de morrer trabalhando. Ajudar o próximo era o sentido de sua vida. Por isso viveu até os 92 anos de idade, para total surpresa dos médicos. E você? Qual a parte que lhe cabe na obra da criação? Quando

---

5. *O Livro dos Espíritos*, Allan Kardec, questão nº 132, Petit Editora.

temos essa resposta e estamos desempenhando o papel de co-criadores do reino de Deus, temos entusiasmo suficiente para vencer qualquer barreira.

Agora não se esqueça de que o entusiasmo se destina aos tempos difíceis. Não adianta apenas cultivá-lo quando tudo vai bem. Experimente-o agora mesmo, quando tudo lhe parecer impossível. É um elixir milagroso, mas que só produz resultado se você experimentá-lo.

capítulo 8

VEJA o melhor

PRESTE atenção no seu modo de enxergar a realidade. Nem sempre o que vemos representa o panorama integral da situação. Costumamos ver o que nossos sentimentos querem enxergar.

Nosso estado mental condiciona a direção do nosso olhar. Se gostarmos de uma determinada pessoa, tenderemos a notar apenas os seus aspectos positivos. Se, do contrário, temos aversão por alguém, passaremos a realçar-lhe apenas os defeitos.

Certa feita hospedei-me num hotel bem conceituado. O serviço era excelente, os funcionários atenciosos e prestativos. A comida era de dar água na boca. Mas havia um hóspede que reclamava de tudo e de todos. Fazia severas críticas ao hotel a qualquer um que encontrasse.

Eu me intriguei com o fato, pois não havia ninguém que estivesse descontente como aquele senhor. Aproximei-me dele, estabeleci uma conversa informal, e pude perceber que se tratava de um homem de meia-idade, bem situado financeiramente, membro de uma família tradicional de sua cidade. Fiz-lhe algumas perguntas e acabei descobrindo o motivo de tanto azedume. No primeiro dia de hospedagem, ele passeava por uma vasta área livre da hospedaria e um dos funcionários abordou-o e perguntou se, de fato, ele era hóspede daquele hotel. Ele interpretou a pergunta como uma desconfiança do funcionário, e, a partir de então, profundamente melindrado, pôs-se a procurar motivos para criticar a administração do hotel.

Cada um de nós apenas vê o que deseja ver, ainda que isso ocorra de maneira quase imperceptível para nós.

Esse olhar parcial acabará condicionando a sua realidade. Se insistir que algo é ruim, se a minha perspectiva se inclina para enxergar os aspectos negativos de uma pessoa ou situação, nada observarei além do que já estou esperando ver, perdendo de vista outros aspectos positivos envolvidos no caso.

Se, ao se levantar, você já espera ter um dia ruim, seus olhos procurarão ocorrências infelizes a todo o instante, não sendo difícil de encontrá-las em razão da sintonia mental preestabelecida.

A resolução do problema que o aflige passa necessariamente pela mudança na maneira de enxergá-lo. Escolha ver o melhor e o melhor se fará visível a seus olhos. O nosso estado de espírito dirige o olhar para esta ou aquela direção. A partir dessa direção, nossa mente captará a realidade que o prisma do nosso olhar enfocou. Isso explica o porquê de duas pessoas olharem para a mesma cena e apresentarem versões diferentes para um mesmo acontecimento. Cada uma via por um ângulo diferente.

Nisso reside o benefício do otimismo. Se você procura o melhor em sua vida, precisa olhar para o melhor.

Segundo o que hoje se sabe sobre física quântica, quando mudamos nossa percepção sobre um determinado objeto, o próprio objeto literalmente também muda. De acordo com o neurocientista Núbor Facure, na interpretação da física moderna, o mundo de moléculas e átomos foi substituído por "campos de energia" que se alteram na dependência da opinião do observador. Para ilustrar, cito o exemplo dado por Osho:

"(...) você está tomando banho no banheiro e de repente percebe que uma criança está olhando pelo buraco da fechadura. Você continua o mesmo ou acontece uma mudança súbita? De repente, tudo mudou! Alguém está no buraco da fechadura e você fica uma pessoa diferente. Um minuto antes você estava fazendo caretas no espelho – agora já não está. Você estava murmurando uma canção – agora a canção parou. Basta uma criança ou alguém estar olhando, observando, e um novo fator chegou; você não está sozinho, entrou em cena um observador – e uma observação é uma transformação".

Realce o lado bom das pessoas, e as pessoas se mostrarão boas a você. Procure enxergar os aspectos positivos de um problema para que o próprio problema seja seu mestre a conduzi-lo ao caminho da vitória. Prefira as lentes otimistas, porque, em última análise, cada um de nós, na vida, encontra o que procura, enxerga o que observa. Nossa maior ferramenta para vencer está em ampliar a consciência cada vez mais na direção do bem infinito.

Ah, ia me esquecendo de contar: soube, dias depois, que o hóspede mal-humorado daquele hotel nem chegou a completar o período de hospedagem, pois foi internado com cólica renal...

capítulo 9

Hora de MUDAR

ESTEJA preparado para mudanças. Somos regidos pela lei de evolução, e ninguém progride se não muda. Para subir um degrau torna-se preciso deixar o degrau onde você se encontra. Da mesma forma como, para usar o computador, você precisou abandonar a máquina de escrever.

No meu campo profissional, preciso estar constantemente me atualizando. Os conhecimentos que adquiri na faculdade de direito, quando me formei há vinte anos, não são mais suficientes para enfrentar as complexas situações jurídicas surgidas no mundo moderno. Estimam os especialistas, e isso podemos sentir na prática, que o conhecimento que hoje produzimos em um ano equivalia, no passado, ao conhecimento que se acumulava em dez anos.

Hoje também não se pode mais educar filhos da mesma maneira como fomos educados. Não dá mais para educar filhos usando a pedagogia de ajoelhar no milho. As relações familiares vivem hoje uma dinâmica diferente, não sendo mais possível aos pais manterem aquela divisão rígida de papéis de outrora. A mãe foi para o escritório e o pai precisa aprender a trocar fralda.

Se as transformações são inevitáveis, eu sempre me questionava o motivo pelo qual resistimos tanto a elas. Quantas vezes temos a clara noção de que precisamos mudar algo em nossa vida e não arredamos o pé dos comportamentos ou das situações que nos são prejudiciais.

Estudei o assunto e aprendi com os estudiosos do comportamento humano que as mudanças dependem de um jogo entre duas forças poderosas: dor e prazer. Vence a que for maior.

Exemplifico. Meu pai fumou, durante mais de quarenta anos, três maços por dia, apesar das recomendações médicas e dos protestos da família. Por que ele não parou de fumar nesse período? Porque o prazer que obtinha com o fumo era maior do que a dor advinda das reclamações familiares e dos conselhos médicos. Mas um dia meu pai sofreu um enfarte. E o médico o advertiu: o senhor passou dos limites; ou pára de fumar ou morre em pouco tempo.

Ele mudou, nunca mais colocou um cigarro na boca. Por que mudou? Foi porque a dor do enfarte e do risco de morrer se tornaram maiores do que o prazer de fumar.

Em resumo, agimos para evitar dor e sentir prazer. Não suportamos a dor, e fazemos de tudo para evitá-la. É por isso que as grandes inovações, em nossa vida, geralmente ocorrem depois de alguma grande dor.

Só lembramos de cuidar da saúde quando ficamos doentes.

Só valorizamos o trabalho depois que o deixamos.

Só damos valor ao cliente depois que o perdemos.

Só valorizamos o ser amado depois que ele morre ou nos abandona por outra pessoa.

Só valorizamos a vida depois que morremos.

Não gostamos de transformações porque elas nos tiram da nossa zona de conforto, ou seja, elas nos tiram do campo do prazer. De alguma forma, fumar, roubar, traficar, criticar, corromper, drogar-se, trair, agredir, violentar, matar, e tantos outros comportamentos prejudiciais, trazem-nos alguma forma de prazer superior à potencialidade da dor que poderão causar.

Mas será que, no caso de meu pai, ele não sabia que, um dia, o cigarro lhe traria problemas de saúde? Quase certo que sim. Contudo, agimos pelo prazer do momento. Não pensamos no depois, nos movimentamos pelo impulso do prazer de agora. Assisti na televisão à entrevista de um advogado acusado de matar um promotor de justiça no próprio fórum. Indagado pelo repórter se ele estava arrependido de sua conduta, o entrevistado confessou, com frieza, que sabia que iria para a cadeia, porém continuaria vivo, ao passo que o promotor estaria morto. Ou seja, o prazer de matar foi superior à dor de ser preso.

Ainda somos excessivamente materialistas, ou seja, ainda vivemos dominados pelo impulso dos instintos, esquecendo que a vida transcende a matéria e que nos cabe sobrepor os sentimentos aos impulsos. Não raciocinamos em termos de vida eterna, quiçá em vida daqui a algumas horas. Por questões insignificantes no trânsito, empunhamos a arma e matamos o motorista que nos deu uma fechada. Horas depois estamos arrependidos da nossa loucura. Façamos, com freqüência, a seguinte pergunta:

O prazer imediato que obterei com esta conduta não irá me trazer maiores sofrimentos no futuro?

Precisamos nos habituar com esse raciocínio. Se o prazer do agora implicar em dor mais tarde, será melhor experimentarmos um pouco de dor, agora, em garantia de um grande prazer mais tarde.

A vida sempre lhe dará oportunidades para operar as modificações necessárias. Você deve saber o que deve e quando deve mudar. A dor significa um aviso de que algo precisa ser alterado.

Aproveite as oportunidades de renovação que a vida todos os dias lhe traz, pois, do contrário, a lei de evolução irá intimá-lo compulsoriamente a mudar, sob a ação de sofrimentos mais ou menos intensos, a depender do tamanho da sua resistência. Gosto muito de um pensamento de Osho: "A pessoa nasce em você somente quando você não é mais uma máquina, quando você começa a se mover de maneiras novas, a se mover em novos caminhos, a caminhar em direção ao desconhecido".

Dizem que o homem prefere tragédias a mudanças. Prefira você mudanças a sofrimentos. Vai valer a pena.

capítulo 10

FALE com Deus

UMA DAS atitudes fundamentais para termos êxito em nossos projetos de uma vida prazerosa consiste em adquirirmos o hábito da prece. Como somos essencialmente espíritos, alimentamo-nos de coisas espirituais. O espírito carece de oração tanto quanto o corpo precisa de alimento.

Assim como os raios do sol somente entram em nosso quarto se abrirmos as janelas, a prece arromba as janelas da alma, a fim de que os raios do amor de Deus nos penetrem repletos de força espiritual a se traduzir em inspiração, ânimo, paz e saúde.

O homem que não ora vive distante do amor de Deus. Não que Deus não o ame, mas as janelas trancadas impedem a fluência dos recursos espirituais abundantes que são postos por Deus a todos os filhos que com Ele sintonizarem por meio da prece sincera. Imagine alguém todos os dias batendo às portas da sua casa oferecendo-lhe, graciosamente, uma boa quantidade de dinheiro. Você, com certeza, não deixaria de abrir a porta. Você o esperaria ansioso para receber o dinheiro que lhe será dado.

Pois bem, o mesmo ocorre com a prece. A todo o momento, Deus está batendo às portas da nossa alma, querendo nos oferecer fortunas espirituais que dinheiro algum será capaz de comprar; e, quase sempre, as portas estão fechadas. Mas, no decorrer do dia, quando enfrentamos mil e um obstáculos que nos deixam confusos, medrosos, frágeis, olhamos para as nossas reservas espirituais a fim de sacar algum recurso e verificamos que a conta está zerada, porque nenhum depósito foi feito.

Somos curiosos. Quando estamos doentes vamos ao médico, ao dentista, ao psicólogo. Quando queremos emagrecer e melhorar a forma física, recorremos ao nutricionista, ao *personal-trainer*. Mas não apelamos a Deus a fim de encontrar o remédio para nossas mazelas espirituais, muitas das quais são as responsáveis pelos nossos desequilíbrios físicos e emocionais.

Muitos não oram porque se preocupam com a forma da oração. Dizem que não sabem orar como o padre, o pastor ou o médium. Mas a forma não significa nada, a essência é tudo. Ao orar, não se importe com a beleza e a quantidade das palavras. Quanto mais sincera e simples a oração, mais ela atingirá o coração de Deus. O orgulho e a arrogância costumam interferir nos canais de comunicação com o Alto. Tereza D´Avila afirmou que a prece é uma amizade íntima, uma conversa freqüente em particular com Deus. Você não é formal com seu amigo íntimo, não é mesmo? Você tem liberdade com ele para ser o que é e falar o que quiser. Assim também deve ser com Deus, pois Ele o ama incondicionalmente.

A prece requer uma posição de humildade por parte de quem ora. Revela-se o momento em que, presos em labirintos de dor, reconhecemos que precisamos de Deus.

Ao orar, não apenas fale, não apenas peça, mas também agradeça todos os benefícios já recebidos e escute o que Deus tem a falar para você.

Faça silêncio interior, e fique atento que, a qualquer momento, Ele responderá às suas súplicas por intermédio de fatos aparentemente sem importância: o livro que lhe chega às mãos, o reencontro com uma pessoa que há tempos você não vê, o conselho de um amigo, uma revelação em sonho, o sorriso de uma criança, enfim Deus se vale de muitos disfarces para nos ajudar. Recordo-me que, tempos atrás, eu precisava mudar de residência e surgiu a oportunidade para adquirir uma nova moradia. Entretanto, eu estava inseguro com o negócio, porque já havia tido um prejuízo financeiro muito grande com uma outra transação malsucedida. Orei a Deus pedindo orientação. Passados alguns dias, quando precisava dar a resposta final ao vendedor, minha mulher entrou no elevador do prédio onde morávamos e encontrou um cartão de propaganda de uma empresa de mudanças. Foi incrível. Ela estava só no elevador e se deparou com um pequeno cartão colocado num local quase imperceptível. Não havia outros cartões em todas as dependências do prédio. Nenhum funcionário do condomínio soube explicar como aquele cartão foi parar no elevador. Era a resposta de Deus às nossas súplicas. Fechamos o negócio e estamos felizes com a nova casa.

Nenhuma prece fica sem resposta, pois Deus ama seus filhos e deseja falar com eles. Será que Ele não está fazendo isso agora?

Espero que sua janela não esteja fechada.

capítulo 11

Não CAIRÁ

SE AS tempestades que se abateram sobre você são assustadoras, não se esqueça de que Deus tem o domínio da chuva e do sol, da terra e do mar, da areia e das estrelas; por isso, você não deve andar temeroso.

O mesmo Deus que criou os oceanos não permitirá que você naufrague no torvelinho de dificuldades. Ele, que mantém no espaço os astros do firmamento, não permitirá que as pedras do sofrimento esmaguem sua cabeça.

Cultive diariamente a certeza bíblica de que o Senhor é nosso pastor, e, portanto, nada nos faltará. Como Bom Pastor, Deus jamais deixará que uma só de suas ovelhas se perca no cipoal dos obstáculos.

Ele nos procura de mil modos, quer oferecer sua mão amiga a nos livrar dos perigos, embora nos deixe livres para escolher nossos próprios caminhos.

E quando percebermos que estamos num beco sem saída, quando todas as portas do mundo se fecharam, eis que Ele surge amoroso, abrindo estradas novas que nos levarão a um recanto seguro.

Ao lado da irrestrita confiança no amparo divino, possamos ser, de nossa parte, amparo aos que também atravessam dificuldades. Deus ajuda as criaturas por intermédio das próprias criaturas. Quando somos um canal de auxílio ao próximo, abrimos canais para também sermos auxiliados. Lembro-me de ter ouvido o depoimento comovedor de um pai que perdera a filha num assassinato brutal, explicando que somente encontrou forças para superar a dor da separação quando decidiu ajudar e consolar outros pais que passavam pelo mesmo problema. Com lágrimas nos olhos, declarou perante as câmeras de televisão que, a cada lágrima que enxugava de um pai desconsolado pela morte do filho, ele sentia que sua filha, no mais Além, enxugava suas lágrimas de pai angustiado, minimizando assim a dor da saudade e da separação abrupta.

Recordo-me, também, do senhor Masataka Ota que teve o pequeno filho Ives seqüestrado e morto por antigos funcionários da sua empresa Depois de uma fase de natural revolta e desespero, em que pensou em acabar com a vida dos seqüestradores, o senhor Masataka afirmou que somente encontrou alívio em seu coração quando perdoou os assassinos e deflagrou em todo o país uma campanha em favor da paz. O casal Ota adotou uma praça pública na cidade de São Paulo, que hoje leva o nome do filho Ives Ota, preservando o local, e enfeitando-o com lindas flores. Nessa praça o casal promove, todos os anos, entrega de alimentos a crianças carentes. É assim que eles curaram a revolta e a aflição da perda do amado filho. Posso afirmar, com absoluta certeza, que o pequeno Ives está muito mais satisfeito em ver os pais distribuindo pães a crianças pobres do que se eles estivessem com armas em punho para uma vingança que somente lhes traria maiores dores e sofrimentos.

Quando tudo lhe parecer perdido, espere mais um pouco, ore, confie e trabalhe em favor do próximo, pois o socorro de Deus está chegando.

capítulo 12

Seja GRATO

ANALISANDO as pessoas felizes, pude observar que uma das características mais marcantes que apresentam é ficarem agradecidas por tudo o que lhes ocorre de bom. A gratidão está essencialmente ligada à felicidade; uma não vive sem a outra. Aliás, a felicidade nada mais é do que um estado de espírito, e uma pessoa agradecida sentirá o mundo de uma forma muito mais alegre. Se o poeta William Blake afirmou que a gratidão é o próprio paraíso, eu afirmo que a ingratidão é o próprio inferno.

Mas será que Deus precisa de nosso agradecimento? Será que Ele sente-se magoado com a nossa ingratidão? Evidentemente, não. Então por que a gratidão é tão importante?

O ato de agradecer é uma postura psicológica que visa focalizar o que já temos, pois, em regra, damos mais importância ao que não temos. Isso é viver infeliz. Escreveu Mario Quintana que louco é quem não procura ser feliz com o que tem.

Quem focaliza o que não tem, vive na reclamação, queixa-se de tudo e de todos, torna-se uma pessoa insatisfeita e mal-humorada, acabando por afastar o concurso espontâneo das pessoas. Se há uma pessoa que por vezes pensa em se afastar dos outros, ela é mal-agradecida. Sentimos certa rejeição em querer ajudar alguém que já nos foi ingrato outras vezes, não é verdade?

É por isso que, quanto menos gratos formos, menos receberemos do universo. Há um provérbio segundo o qual Deus não dá nada àqueles que mantêm os braços cruzados.

Já a pessoa agradecida está com os canais abertos às bênçãos divinas. Quanto mais agradece, reconhecendo quanto já foi abençoada por Deus, mais a vida lhe retribui com novas bênçãos, pois sua mente vive na abundância. Está no *Evangelho* que: "a quem tem, será dado ainda mais, será dado em abundância; mas daquele que não tem, será tirado até o pouco que tem"[6]. Não raro, a pessoa ingrata tem muito, mas não reconhece o que tem, pois sempre está olhando para o que lhe falta, razão pela qual sua prosperidade material e espiritual entrará em declínio.

---

6. Mateus, 13:12.

Como sua mente vive na carência, cada vez mais a miséria comporá o cenário de sua vida. A ingratidão produz descontentamento e o descontentamento sistemático está na raiz de muitas depressões.

Expressar o "muito obrigado" não é apenas uma questão de educação, é uma das mais eficientes formas de ser ditoso e que você poderá experimentar neste exato momento. Para tanto, eu lhe ofereço esta meditação de gratidão concebida por Mike George; que ela seja o primeiro passo para você se tornar uma pessoa agradecida.

Sente-se calmamente e reflita sobre sua vida neste momento. O futuro é desconhecido; algumas de nossas esperanças não se realizarão – mas alguns de nossos medos também não. Além disso, você está ficando mais velho. Está em uma jornada, movendo-se em um cenário de constante agitação. Reserve alguns segundos para apreciar onde você está agora... e sinta-se grato por isso.

capítulo 13

O MELHOR
por você

SE VOCÊ atravessa momentos difíceis, não procure alívio para suas dores nas avenidas largas do vício. Seus problemas não se resolverão por conta de alguns momentos de anestesia viciosa.

Depois da ressaca, será fácil perceber que as dificuldades não se alteraram e você estará mais debilitado, física e espiritualmente, para solucioná-las.

No mais das vezes, os vícios nos afundam em tormentos ainda maiores, pois, além de prejudicarem nosso corpo, nos impelem a agir de maneira diversa daquela que agiríamos se estivéssemos lúcidos. E, convenhamos, nessas horas sempre acabamos fazendo coisas que não gostaríamos ou não deveríamos fazer.

Você é o único responsável por sua vida. Não a desperdice entregando-se a condutas infelizes que mais tarde lhe renderão novos sofrimentos a si e aos familiares.

Se você atravessa uma fase difícil, busque ajuda eficiente, não queira bancar o super-homem e resolver tudo sozinho. Não receie desabafar com um amigo ou, se preciso, socorrer-se com um profissional especializado.

Se um familiar querido seu estivesse doente, você não o levaria ao médico? Se seu filho estivesse com algum problema financeiro, você o mandaria embriagar-se? Se sua mãe estivesse triste pela morte do marido, você recomendaria a ela que gastasse todo o dinheiro no bingo? Logicamente, não. Você não faria nada disso porque ama essas pessoas. E porque ama quer o melhor para elas.

E por que não quer o melhor para você? Exatamente no momento em que você mais precisa de apoio vai se afundar em comportamentos nocivos?

Por que não tem o mesmo amor por você?

Milhares de espíritos derrotados pelo vício estão chegando ao outro lado da vida em condições lamentáveis, pois o vício encurtou o tempo de permanência deles na experiência física. Ainda por cima amargam a sensação de não terem sido suficientemente fortes nos momentos em que passaram por dificuldades aqui no plano terreno.

Preferiram buscar refúgio naquilo que os deixaram mais fragilizados. Que paradoxo!

Se você precisa de ajuda, busque algo que realmente possa ajudá-lo. O apoio espiritual, no templo de sua fé, é também uma valiosa conduta de reequilíbrio. A oração acalma, o *Evangelho* encoraja e a prática da caridade se mostra relevante terapia espiritual para nossos desequilíbrios.

Haveremos de marchar rumo à vitória quando estivermos livres dos vícios de qualquer natureza.

capítulo 14

Suor ou LÁGRIMA?

A ESPIRITUALIDADE nos diz que é mais importante para o sucesso uma gota de suor derramada do que um balde cheio de lágrimas. O problema não será nunca ficar triste, algo ainda impossível, mas afundar nossa existência na tristeza improdutiva, tal como ocorre a muitos companheiros.

O trabalho sempre será a melhor atitude para quem deseja dias melhores, seja o trabalho material, seja o trabalho desinteressado em favor do próximo. No momento em que estamos lamentando ou chorando as dificuldades, nossas mãos estão ociosas e os problemas não se resolvem por simples queixumes.

Que as suas lágrimas, quando for inevitável derramá-las, sejam breves e aptas a molhar o solo onde seus pés buscarão novos caminhos.

O trabalho é a garantia da renovação das nossas forças e oportunidades, pois tudo no universo está em constante processo de transformação. E toda transformação requer esforço constante. Ninguém muda nada a peso de lágrimas. Escreveu André Luiz, pelas mãos de Chico Xavier:

"Se você espera progresso e milagres em seu caminho, não pare de trabalhar".

Você provavelmente já chorou demais, já se afligiu demasiadamente, já se sobrecarregou com tantas preocupações. E pouco ou quase nada conseguiu mudar da situação. Verá que se encontra no mesmo lugar depois de tanto chorar e se afligir. Somente o trabalho nos tira do lugar-comum no qual nos encontramos sob o peso da inércia e da angústia. É justo que você busque a merecida aposentadoria, mas não se aposente do trabalho de auxílio ao próximo para que a morte não nos veja sempre na cama dormindo mais do que o necessário.

Experimente agora agir, trabalhar, encontrar as soluções que estão à espera das suas mãos, a fim de que, abençoando o trabalho, possa também o trabalho abençoar você.

Vou encerrar este capítulo com uma pergunta do benfeitor espiritual Irmão José: "Se apenas te levantas pela manhã, esperas pelo almoço, teces comentários desairosos em torno da situação e das pessoas, enquanto aguardas a hora do jantar, o que queres que te aconteça de diferente?"

capítulo 15

TRABALHE
com o que Deus lhe deu

NÃO SE esqueça de que vivemos num mundo de imperfeições. O mundo não é perfeito, nem as pessoas, nem você mesmo.

Grande parte das nossas desilusões decorre de uma expectativa de perfeição das pessoas e das situações. E como ninguém consegue ser perfeito, a maior parte do tempo acabamos nos decepcionando com os outros, gerando desgastes que poderiam ser evitados se fôssemos mais tolerantes.

Da mesma forma, a vida segue seu curso do jeito que ela é e não da maneira como gostaríamos que fosse. Se nos faltar flexibilidade, brigaremos com o tempo, com o trânsito, com o trabalho, até com a própria sombra. Atualmente, grandes empresas estão à busca de profissionais que têm essa capacidade de fácil e rápida adaptação de estratégias diante das constantes mudanças que surgem no cenário econômico.

Muitas depressões surgem porque não aceitamos a vida como ela é. Queremos navegar o barco da existência nas águas imaginárias do mundo do "deveria ser assim". Nosso barco certamente naufragará pelo peso das constantes decepções. Aconselha o Espírito Fénelon: "Quantos tormentos se poupa aquele que sabe contentar-se com o que tem, que nota sem inveja o que não possui, que não procura parecer mais do que é". Essas advertências encerram um verdadeiro tratado de psicoterapia espiritual. Será que o consumismo exagerado não tem nos deixado neuróticos? Será que a inveja não tem corroído nossa alma? Será que a vaidade não tem sido o palco de muitas das nossas desilusões? É para refletir.

Adaptação é uma condição essencial à felicidade, pois ela nos ajuda a navegar com mais facilidade nas águas do que a vida é, com toda sua riqueza e miséria, alegria e tristeza, saúde e doença, poder e limitação. Somos heróis, porém, ao mesmo tempo, frágeis como uma flor. Até mesmo os super-heróis têm os seus pontos fracos. Que o diga o Super-Homem.

Precisamos calibrar nossas expectativas de perfeição para o nível mais reduzido possível, a fim de encontrar beleza na chuva, humildade nas barreiras, alegria na saudade, força na doença, virtude nos pecadores.

Pratique contentamento, esteja satisfeito com o que você é, com o que as pessoas são e com o que a vida lhe apresenta. Os maiores tesouros estão escondidos nas águas mais profundas.

Lembre-se sempre de que, vivendo num mundo ainda imperfeito, onde habitam seres imperfeitos como nós, não há como esperar por uma felicidade perfeita.

Então, seja feliz quanto possível. A vida não é o que vem depois, é o que você tem agora. Você precisa ser primeiramente feliz com o que é, com a família que tem, com o trabalho que conseguiu. Se conseguir esse estado de gratidão, o restante virá por acréscimo. Entretanto, se você ainda optar pela felicidade impossível, só posso lhe recomendar que procure quanto antes um psiquiatra.

capítulo 16

SEM inveja

NÃO INVEJE ninguém. Nem sempre a felicidade que vemos por fora, nos outros, representa felicidade por dentro. Há muito sofrimento disfarçado de sorriso. Quantas vezes invejamos uma pessoa por residir numa casa suntuosa, e ignoramos a extensão dos conflitos familiares que ela tem.

A inveja é um sentimento tipicamente materialista, pois não identifica cada indívíduo como uma realidade diferente, espiritual, única e incomparável. Por isso, a benfeitora espiritual Joanna de Ângelis indica como terapia para a inveja o indivíduo avaliar os recursos de que dispõe, considerando que a sua realidade é única, não podendo ser medida nem comparada com outras em razão do processo de evolução de cada um.

Emoção perturbadora que nos enfraquece, a inveja não melhora a nossa vida. Ela revela quanto não nos apoiamos, quanto não cultivamos nossos potenciais, quanto admiramos os outros ao mesmo tempo que nos rebaixamos perante eles. Os outros estão sempre lá em cima, e nós sempre no último degrau.

Devemos, sim, nos alegrar com o progresso do nosso semelhante. Tudo o que faço ao meu irmão faço a mim mesmo. Se me contento com a vitória do meu próximo, abro caminhos para a minha vitória. Quando desejo, de coração, o sucesso do meu semelhante, estou abrindo caminhos para o meu progresso.

Mas quando invejo o crescimento de alguém, reafirmo apenas o que não tenho, realço as minhas carências, sinto-me um desventurado, e a vida apenas devolve o que oferecemos a ela.

Quem alimenta inveja afirma no íntimo que não é capaz de progredir. E o que acredito acaba se tornando uma verdade em minha vida. Toda pessoa invejosa está fadada à miséria e ao sofrimento.

Se alguém conquistou determinado objetivo, interprete a vitória como um sinal de que você também pode vencer.

Deus não tem filhos especiais. Você é tão capaz quanto a pessoa que chegou ao cume do sucesso. Por isso, alegre-se com o crescimento dos outros, e sinta-se estimulado a trabalhar com mais afinco pelo seu progresso.

Não quero que você diga que somente fulano ou beltrano são maravilhosos. Eu quero que você assuma e trabalhe suas capacidades e brilhe, pois, como todo filho de Deus, você nasceu para brilhar. Você é maravilhoso. Eu acredito. E você?

capítulo 17

Faça PAUSAS

PRESTE atenção no seu ritmo de vida. Não ande tão apressado assim. Aonde você quer chegar com tanta correria? A um hospital para morrer de ataque cardíaco? De nada adianta ganhar o mundo e perder a vida. Ação não se confunde com agitação.

Desacelere um pouco, afrouxe a gravata se for homem. Se for mulher, deixe um pouco de lado a neurose da estética. Respire um pouco mais sossegado. Dê uma volta na praça, olhe vitrines, tome um café ou chá, admire algo belo à sua volta, converse com um amigo despreocupadamente, ainda que por poucos minutos.

Ligue para casa, dê um alô para os filhos, diga algo amoroso para eles. Mande um recadinho carinhoso para o cônjuge, diga algo engraçado, conte algum fora que você deu. Não leve a vida tão a sério. Nada vai explodir se você fizer essa pequena parada. Mas se você não pausar, seu coração pode explodir de tanta tensão, sua cabeça arrebentar de tanta pressão.

Você vai dizer que não tem tempo, que precisa correr para dar conta de tudo, mas será melhor criar uma pausa voluntária do que uma forçada num leito de hospital. O que você prefere?

A vida precisa de pausas. A música não é feita apenas de sons, mas também de silêncio. O intervalo entre uma nota e outra é cheio de silêncio. Uma música sem pausas seria apenas uma seqüência de sons sem significado artístico. Na pauta da sua vida, também dê importância a compassos mais lentos e melodias mais suaves.

A escrita também precisa de intervalos. Já imaginou um texto sem ponto? Sem vírgula? Sem ponto de exclamação e interrogação? Seria incompreensível. As páginas de sua vida também precisam de palavras fortes, mas sempre intercaladas de vírgulas e pontos, pois do contrário ninguém compreenderá sua história.

Você precisa de intervalos regulares para descanso do corpo e da mente a fim de renovar as energias. O corpo necessita de tensão e distensão, estresse e ócio. Somos todos guerreiros frágeis, aliás o Gonzaguinha já sabia disso:

"Guerreiros são pessoas, são fortes, são fracos,
Guerreiros são meninos no fundo do peito

Precisam de um descanso, precisam de um remanso,
Precisam um sonho que os tornem refeitos(...)"

Segundo o *Bhagavad Gita*, a harmonia é comer e descansar, dormir e andar: equilíbrio em tudo o que fizermos. Gozar de seu período de descanso, tirar férias, desfrutar de alguns momentos durante o dia para relaxar são práticas essenciais para que haja harmonia em nossa vida. E harmonia é o pilar máximo da saúde. Enfermidade, em última análise, é desarmonia.

Como estamos sob tensões constantes, pois o mundo de hoje está sempre em turbulência, sofremos as conseqüências negativas do estresse, tais como cansaço, irritação, pensamento acelerado, insônia, raciocínio lento, diminuição da memória e da criatividade. A explicação é simples: para manter a locomotiva andando todos os dias a mais de 200 km por hora, o corpo precisa tirar energia de algum outro lugar para manter a caldeira acesa.

Se tal situação perdurar por um determinado período, o corpo cuidará de arrumar alguma coisa para você estancar a marcha. Eu atesto isso em minha própria vida. Meu ritmo frenético só foi interrompido por conta de uma labirintite que me deixou de molho sem poder trabalhar por dois meses e sem poder dirigir por seis meses. Até hoje a labirintite é minha companheira, porém só aparece quando tento voltar à velha, mas nociva forma.

Quando gozar férias, procure modificar seu ritmo, faça coisas diferentes, e implante um compasso mais lento. Baixe a tensão e a pressão. Cuidado para não voltar mais estressado das viagens, sobretudo aquelas em que desejamos conhecer o mundo inteiro em dez dias. Procure dispor de muito contato com a natureza, ande descalço na terra, abrace uma árvore, escute atentamente o barulho das ondas do mar, o canto dos pássaros, admire o pôr-do-sol...

E despreocupe-se com o relógio, com o celular (será que toquei no seu ponto fraco?) e com a rotina. Aliás, mande a rotina também entrar em férias. Vá ao cinema às duas da tarde, almoce às quatro e não tenha hora para jantar. O importante é descontrair, relaxar a mente, pausar a vida, antes que a vida desligue você compulsoriamente.

E já reparou que as melhores idéias surgem quando você está mais descontraído? Quando não pensávamos em nada sério, de repente surge uma idéia fantástica que é a solução para algum problema que estava nos preocupando. Quantas vezes eu saía do trabalho matutando sobre alguma decisão difícil que me cabia tomar e não encontrava nenhuma saída satisfatória para o caso. Passava horas e horas pensando sobre a questão, e nada. Vencido pelo cansaço, adormecia e não raras vezes acordava pela manhã com a solução pronta na cabeça. A verdade é que fomos programados para viver em harmonia. E a harmonia também depende do equilíbrio entre trabalho e lazer.

Ah, me perdoe. Queria só dar uma palavrinha para os homens. Quer algo bem relaxante? Então vai a sugestão: prepare um jantar ou um lanche para a família, invente alguma coisa diferente para comer. Você verá como sua cabeça descansa e a família se une em torno da mesa. Não importa o que você fará, pode ser um prato requintado ou mesmo um delicioso sanduíche de mortadela. Mas não esqueça de limpar a cozinha. Vai ser ótimo você lavar louça; além de descansar a mente, sua mulher vai adorar.

capítulo 18

CULTIVE
a bondade

PADRE Vieira afirmou que é muito bom ser importante, mas que é mais importante ser bom. Todos nós desejamos ser importantes, reconhecidos socialmente, e às vezes lutamos a vida toda em busca de prestígio, fama e poder. Não poucas vezes, alguns sacrificam a própria dignidade para terem um minuto de glória.

Melhor do que ser importante é ser bom, pois nem sempre uma coisa está ligada à outra. Há pessoas boas e importantes, mas nem sempre a recíproca é verdadeira. Foi Marianne Williamson quem afirmou acertadamente: "Você pode ter um currículo excelente, mas se tiver uma personalidade horrorosa as coisas vão se complicar para o seu lado em algum momento".

O destaque social é passageiro, todavia a bondade é eterna. Muitas pessoas que foram consideradas importantes, que tiveram algum destaque social num determinado período, hoje estão no mais completo anonimato.

No entanto, jamais esqueceremos vultos como Jesus, Buda, Francisco de Assis, Gandhi, Madre Teresa de Calcutá, Martin Luther King, Chico Xavier e tantos outros apóstolos da *vera* bondade. Você talvez nem se lembre do nome dos três últimos ganhadores do Prêmio Nobel da Paz, contudo não esquecerá o nome das pessoas que, em momentos críticos da sua vida, foram anjos da bondade em seu caminho.

Que seja justo você aspirar por uma profissão de prestígio, entretanto importa mais saber como exercerá seu ofício. Melhor do que ser um médico importante é ser um médico bom. Conta-se que um professor de medicina, no último dia de aula, deu aos futuros médicos o seguinte conselho:

– Se vocês quiserem se destacar na profissão, sejam antes de tudo boas pessoas. Porque é impossível separar o homem do médico. Se você for um homem bom, fatalmente será um bom médico. E quando forem prescrever qualquer medicamento, perguntem-se antes se também dariam a mesma receita se acaso o paciente fosse um filho seu. Se vocês agirem com um desconhecido da mesma forma que agiriam com um ser querido, por certo vocês serão grandes médicos.

Preferível ser um advogado bom e sem expressão pública do que um causídico famoso com a beca manchada pela corrupção. O mundo passa por grandes transformações. Nós que estamos vivenciando esse momento de transição entre um mundo carcomido pelo egoísmo e uma era nova na qual a ética prevalecerá sobre a astúcia, na qual a bondade não mais será exceção, fomos convocados a abrir as portas desse novo mundo usando as armas da generosidade e do amor.

O mundo não mais tolerará profissionais que só pensam em ganhar desonestamente. Não mais admitirá empresas que faturam danificando o meio ambiente. Não suportará religiosos que iludem a fé de incautos sob promessas de uma salvação a preço de moedas de ouro. Ou ganhamos todos ou não haverá alguém para contar o fim da história. Pagaremos caro demais pelo bem que deixarmos de realizar.

Essa nova era já começou, e aos poucos as relações humanas serão compelidas à ética do amor e da bondade. Entre nessa quanto antes. Não é preciso se alistar em nenhum exército. No ambiente em que Deus o plantou, floresça fazendo o melhor ao seu alcance. Que você seja lembrado um dia não pelos destaques da coluna social, mas pelo bem que semeou no coração de seus irmãos.

Não se esqueça de que, no inevitável balanço existencial que a vida nos submeterá a qualquer momento, fama, prestígio e poder pouco contarão diante da consciência atormentada pelo inevitável remorso de não termos sido bons.

capítulo 19

PERGUNTAS
para ajudar

NESTE capítulo, confesso, estou com mais perguntas do que respostas. Formular questões também é uma excelente forma de provocar importantes reflexões.

Você já reparou que, em meio a tanta gente, somente algumas poucas pessoas se destacam positivamente no âmbito profissional?

Entre milhares de pedreiros, por exemplo, quantos sobressaem, quantos você recomendaria a um amigo?

A maioria dos profissionais, independentemente do ofício, são medianos, ou seja, profissionais médios, comuns, iguais a tantos outros que existem no mercado. Realizam o básico, apenas o necessário para o desenvolvimento de suas tarefas. Por isso não se distinguem, não se diferenciam dos demais.

Se você, todavia, deseja mais da vida, precisa oferecer mais de si mesmo. Se você for mediano, a vida também será mediana com você. Colhemos o que plantamos. Temos o que damos. O Vinícius de Moraes entendeu isso quando escreveu que a vida só se dá a quem se deu.

Exigimos muito da vida, mas em regra damos muito pouco a ela. Queremos uma boa nota na prova, porém qual foi o tempo em que nos dedicamos ao estudo?

Pretendemos melhoria no emprego, melhores salários, mas como temos nos dedicado ao trabalho?

Temos reciclado nossos conhecimentos? Temos feito algo além da nossa obrigação?

Somos apaixonados pelo nosso trabalho?

Quando uma pessoa precisar de um determinado serviço da área de sua especialidade, será que ela vai se lembrar de você por alguma característica especial ou vai situá-lo em meio a centenas e centenas de profissionais comuns?

Será que estou fazendo alguma diferença para a empresa na qual trabalho?

Quando falto ou entro em férias, será que sentem a minha ausência?

O renomado consultor empresarial Marco Aurélio Ferreira Viana afirma que já é hora de abandonarmos o antiquado conceito de *curriculum vitae* e passarmos a trabalhar com a idéia de *curriculum annum*.

Eu fiquei a pensar se o nosso currículo de hoje é o mesmo de cinco anos atrás.

Será que nada foi acrescentado?

Ele formula outras perguntas importantes para a nossa reflexão. Vamos respondê-las?

"Que conquista de impacto incorporei ao meu currículo este ano?

Estes avanços provocarão aumento da percepção de valor diante do mercado?

Seu conteúdo aumenta meu grau de diferenciação?"[7]

No fundo, seria bom saber se você é mediano ou é ótimo?

---

7. Artigo publicado na revista *Vencer*, n. 88, Editora Vencer Ltda.

capítulo 20

Lápis de DEUS

MADRE Teresa de Calcutá afirmou que se sentia como um pequeno lápis na mão de Deus, e que Ele estava enviando uma carta de amor ao mundo.

Deus fala com as criaturas por meio das próprias criaturas. Deus falou com você por intermédio de algumas pessoas que cruzaram o seu caminho.

Naquele momento de dificuldades extremas, o amigo que surgiu com inesperado apoio foi simples canal do socorro divino. Era Deus dizendo que estava a seu lado.

Você também é um instrumento de Deus na face da Terra. Ele o colocou aqui para ser um canal de expressão de uma mensagem positiva à humanidade.

O mundo somente será salvo por um milagre. Mergulhamos no caos do egoísmo que poderá nos levar à derrocada geral.

Mas assim como o lírio surge do pântano, Deus nos colocou na Terra para realizar o grande milagre do amor.

Se você tem o dom da alegria, seja um lápis de Deus para os tristes.

Se você tem o dom da coragem, seja um lápis de Deus para os fracos.

Se você tem o dom da fé, seja um lápis de Deus para os descrentes.

Se você tem o dom da prosperidade, seja um lápis de Deus para os miseráveis.

Se você tem o dom da cultura, seja um lápis de Deus para os ignorantes.

Nós precisamos de Deus, não há dúvida, mas Deus também precisa de nossos talentos para escrever o alfabeto do amor no coração de cada um de seus amados filhos.

Quem sabe se nestas linhas Deus não esteja escrevendo algo para você!

capítulo 21

LEVANTE-SE

CONFÚCIO ensina que nossa maior glória não está em não cair, mas em levantar sempre que cairmos. Não se desespere por seus enganos. O erro faz parte do nosso processo de aprendizado. Não é errado errar. Há um antigo ditado que afirma: "A pessoa que nunca cometeu um erro nunca fez nada". Embora carreguemos todos os potenciais divinos, Deus nos criou simples e ignorantes.

Para descobrir nossos próprios talentos e capacidades, precisamos agir, realizar, intervir no mundo material. E porque ignoramos nossas capacidades e limites, o erro é inevitável e surge como professor e guia do nosso aprendizado. Ele nos avisa onde precisamos melhorar. Nada além disso.

Thomas Edison, que realizou mais de cem tentativas para descobrir a lâmpada elétrica, quando questionado pelos amigos a respeito de tantos insucessos, respondeu que não eram insucessos e que apenas descobrira maneiras de como não chegar ao objetivo desejado.

Pela lei da reencarnação, Deus nos concede múltiplas oportunidades de recomeçar, o que nos permite concluir que Ele admite o erro como parte do processo de evolução do espírito. Isso nos leva a pensar que, diante das nossas quedas, devemos evitar duas posições perigosas:

1) A primeira é a de cair e nunca mais se levantar, vale dizer, de ficar permanentemente no chão do orgulho ferido e não ostentar humildade suficiente de levantar, aprender e seguir adiante. Observe o roteiro proveitoso para as nossas culpas:

LEVANTAR + APRENDER + SEGUIR EM FRENTE

Se permanecer no chão, você não vive.
Se não aprender com os erros, você não corrige.
Se não seguir em frente, a vida não anda.

2) A segunda posição é a de extrema complacência com os nossos erros, permanecendo, indefinidamente, no lamaçal dos equívocos.

Há muitas pessoas que sofrem da "síndrome de Gabriela"[8], referindo-se desta forma a seus erros: "Eu nasci assim, vou viver assim, vou ser sempre assim." Esquecem-se, porém, de que a lei é de evolução, pelo que atrairão para suas vidas pesados sofrimentos correcionais se não se decidirem a mudar.

Seja lá o que de errado que você tenha feito, lembre-se, com o Espírito André Luiz, de que você não é uma entidade angélica e sim uma criatura matriculada na escola humana, mas sempre com a possibilidade de corrigir e recomeçar.

---

8. Refiro-me aos versos da canção *Gabriela*, de Dorival Caymmi.

capítulo 22

PERDOE: remédio para a saúde e a prosperidade

NÃO GUARDE mágoas e ressentimentos, pois isso representa um grande entrave à felicidade. Você provavelmente não conhece alguém feliz e ressentido. São sentimentos antagônicos, não convivem no mesmo espaço do coração. Para que a saúde e a prosperidade entrem em nossa vida, é preciso que a mágoa, o ódio e a culpa saiam.

O ressentimento é um veneno para o corpo e para a mente, por isso não o cultive para não se envenenar. Ficamos magoados, por vezes até doentes, para demonstrar ao nosso ofensor quanto ele nos prejudicou. É uma forma de vingança indireta, pois queremos atingi-lo punindo a nós mesmos. No íntimo, pretendemos provocar um sentimento de culpa em quem nos agrediu.

Ocorre que somos nós que pagamos a conta dessa vingança camuflada. Nada fizemos de errado, pois o agressor é quem deve estar com a consciência ferida, mas sofremos como se tivéssemos sido aquele que praticou a ofensa.

Quando guardamos rancor, nossa mente procura reter o mal que nos acometeu, pois ele é a prova de que alguém nos feriu. Por conseqüência, as desgraças em nossa vida não desaparecem, quando não até aumentam pela influência da lei de sintonia. A mente é um poderoso ímã, atraindo a todo instante o que ela mesmo elabora. Percebo que o ódio e o rancor, assim como a culpa, deixam a mente em estado de tensão, de atrito e agitação. A saúde e a prosperidade dependem de uma mente límpida, serena, alegre e profundamente grata a tudo o que nos acontece.

Tensão gera conflito.

Atrito induz a agressão.

Agitação produz desequilíbrio.

Nenhum desses estados negativos trará benefícios para quem deseja o sucesso. Perdoar é atitude de quem deseja vencer. Quando não perdoamos, cavamos a própria derrota.

Compreendo que ainda somos humanos e que ainda nos seja impossível não ficarmos ofendidos. Tudo bem. Admito que algumas vezes somos seriamente agredidos moralmente e nos é impossível evitar uma reação de mágoa. Entretanto, que o nosso desagrado não perdure por longas horas, sob pena de a mágoa se impregnar de forma vigorosa nos painéis de nossa mente, como tentáculos pegajosos difíceis de serem removidos posteriormente.

Quem mais tempo gasta com mágoas, mais tempo perde em ser feliz.

Duas atitudes nos ajudam a perdoar. A primeira delas consiste em reconhecer quanto ainda também somos falíveis. Somente quem se atreve a pensar que jamais errou é quem não conjuga o verbo perdoar. Há de se mostrar uma boa dose de humildade para reconhecer as próprias quedas. Afinal de contas, "atire a primeira pedra..."

Procuro entender que, perdoando ao próximo, estou pedindo perdão para mim mesmo. Negá-lo a quem nos ofende é condenar a si próprio.

"Pai, perdoa as nossas ofensas assim como temos perdoado a quem nos tem ofendido."

Estou convencido de que, antes de qualquer cogitação de virtude, perdoar é uma questão de inteligência.

A segunda ferramenta que nos ajuda a compreender e perdoar será examinar o ocorrido de outra forma. Mudemos o enfoque do problema. Gosto da história em que um homem andava apressado na rua e, ao dobrar a esquina, acaba esbarrando violentamente em outro homem que vinha em sentido contrário. Por conta do impacto, o homem apressado grita com o outro e faz a seguinte pergunta em forma de reprovação:

– Você não vê por onde anda, por acaso é cego?
Ao que o outro responde, calmamente.
– Desculpe, senhor, se o machuquei, é porque, de fato, sou mesmo cego.

No mesmo instante, o apressadinho ficou envergonhado e pediu desculpas pelo ocorrido. Numa fração de segundos acabou mudando o enfoque do problema e descobriu que não tinha razão alguma para ficar nervoso. Quem o ofendeu provavelmente estava irritado, ferido, agindo mais por ignorância do que por maldade. Você não vai ficar magoado com o cego, vai?

Então pare de julgar, livre-se do juiz que habita em você e assim poderá perceber como a vida melhora agora mesmo. Tem mais paz o homem que apenas compreende e não julga.

capítulo 23

DESAPEGO:
a arte de bem viver

EM TODAS as tradições espirituais, o apego é visto como um sentimento que nos faz sofrer. Todas as vezes que nos apegamos excessivamente a alguém ou a algo, haveremos de experimentar algum tipo de dor, cuja intensidade é proporcional ao tamanho de nosso apego.

Na essência, nosso apego sempre se dirige aos sentimentos que as pessoas e os objetos nos proporcionam. Quando perdemos algum bem precioso, a dor que sentimos não vem do objeto em si, mas do sentimento que ele representa. Quando o ser amado resolve partir, sentimos a dor da saudade que sua ausência nos traz.

Quantos até se apegam aos episódios tristes que surgiram em suas vidas e permanecem acorrentados a mágoas, culpas e desamor por si mesmo.

Como tudo no universo está em constante transformação, melhor seria se procurássemos viver sem o apego a tudo aquilo que é transitório. A efemeridade de tudo o que nos liga ao mundo terreno nos remete à idéia de que tudo está em constante circulação. Os bens são circuláveis, passam de mão em mão, e é assim que o universo distribui as riquezas.

Portanto, quanto mais agirmos como um ponto de circulação de nossos bens, sejam eles materiais, intelectuais ou espirituais, mais a vida nos preencherá de novos valores a fim de que a cadeia de circulação continue operando. Quando me apego ao que já não tem utilidade para mim, trancafiando meus valores no cofre do egoísmo, interrompo o fluxo de entrada/saída, e a prosperidade começará a ruir.

Assim é possível entender a máxima franciscana de que é dando que se recebe.

Viver sem apego não é viver sem paixão, é viver sem o sentimento de posse. A idéia de que algo nos pertence quase sempre nos rouba a possibilidade de viver cada instante da nossa existência com a plenitude desejada, protelando a alegria do momento presente para um futuro incerto e não sabido.

A vantagem do desapego é a de que nos soltamos antecipadamente de algo que, cedo ou tarde, sairá de nossas mãos. Ao mesmo tempo, o desapego nos permite desfrutar de uma relação essencialmente prazerosa com tudo o que nos cerca, pois sabemos que somos meros usufrutuários das coisas e companheiros temporários das pessoas. Então cada segundo da nossa vida é pleno de entrega e de profunda alegria.

Por isso, eu o convido, neste instante, a desapegar-se:

- de seus bens;
- de seus títulos;
- de seus cargos;
- de sua família;
- de sua vaidade;
- de seus ídolos;
- de seus ressentimentos;
- de suas culpas;
- de seus preconceitos;
- de suas verdades.

Mas faça isso logo, antes que a desencarnação o surpreenda no maior teste de desapego que você enfrentará em toda a sua vida.

capítulo 24

Agir para SENTIR

DEPOIS de ler vários capítulos deste livro, no qual apresentei algumas sugestões para a sua transformação pessoal, a partir da qual sua vida também se transformará, acredito que você provavelmente esteja me perguntando:

– De Lucca, como é que você deseja que eu tenha coragem, entusiasmo, fé, amor e tantas outras coisas que você falou, se minha vida está péssima, se estou desmotivado, deprimido, sem nenhuma perspectiva de encontrar algo melhor? O que você está pedindo para mim é um milagre, e eu nem estou conseguindo sair da cama. Como é possível?

Adorei a pergunta e confesso que já esperava por ela. Vou lhe responder com duas observações:

1) De fato, quando estamos atravessando uma fase conturbada, seja por uma doença grave, um casamento em ruínas, a perda de um ente querido, uma crise financeira, sentimos nossas forças diminuírem ou quase desaparecerem. Estamos no fundo de um poço estreito e profundo, esperando que alguém nos tire de lá. Porém, o máximo que farão por nós é jogar uma corda para nos puxar. Você terá que pegar a corda, amarrá-la na cintura, escorar-se na parede para cooperar no salvamento.

É isso mesmo, até para ser ajudado você precisa se ajudar. Está em *O Evangelho Segundo o Espiritismo*, cap. 25: "Ajuda-te, e o céu te ajudará". Sem o nosso concurso, sem alguma atitude de nossa parte, nenhuma ajuda externa, seja ela material ou espiritual, será capaz de nos tirar do fundo do poço.

Há um propósito superior em toda dificuldade. Há uma lição escondida em cada sofrimento. A dor funciona como simples mecanismo de despertamento. Quando comemos em excesso, por exemplo, a dor de estômago posterior é um sinal de que houve abuso. Isso quer dizer que em toda a dificuldade há um alerta, uma mensagem oculta dizendo-nos que algo não vai bem e precisa de um ajuste, de uma correção, enfim de alguma postura de mudança.

Enquanto não iniciamos essas mudanças, o alívio do céu não pode se estabelecer, pois, do contrário, Deus estaria colocando remendo novo em pano velho. Deus estaria nos deseducando, o que seria inconcebível. Imagine que você, ainda jovem, chega a casa embriagado, e com o carro do seu pai batido em decorrência de uma colisão na qual você se envolveu por causa da bebida. Você acha que, na noite seguinte, seu pai lhe emprestaria o carro novamente? Acredito que ele somente lhe dará as chaves do carro quando perceber que você está consciente do extremo perigo de dirigir embriagado.

Portanto, mesmo no fundo do poço, precisamos realizar alguma coisa diferente do que estávamos fazendo para provocar o auxílio divino, precisamos nos ajudar para sermos ajudados. São as nossas novas atitudes que desencadearão novos caminhos e oportunidades.

Se continuar a fazer o que sempre fiz, vou continuar sendo o que sou. Se não mudo, a vida não muda.

Queremos emagrecer, mas não estamos dispostos a comer menos e a gastar mais em atividades físicas. Pagamos fortunas por remédios ilusórios que nos prometem emagrecer sem disciplinar o garfo. Ah, que bom seria se fosse verdade...

Almejamos por uma promoção no emprego, contudo trabalhamos desmotivados, fazendo apenas o essencial, olhamos para o relógio dezenas de vezes não vendo a hora de ir embora.

Pretendemos salvar nosso casamento, porém continuamos tratando o companheiro com indiferença e desamor. Tratamos melhor os colegas de trabalho do que a pessoa com quem nos unimos por amor.

Desejamos gerar filhos, no entanto queremos viver como se eles não existissem. Temos filhos, mas nunca fomos pais de verdade.

Conseguimos abrir a empresa com que tanto sonhávamos, mas agora entregamos seu funcionamento a empregados pouco comprometidos e passamos a viver na ilha da fantasia.

Sonhamos com o diploma universitário, todavia não estamos dispostos a trabalhar o dia todo e estudar à noite, dormindo pouco, divertindo-se menos, e estudando muito. Fui professor universitário durante muitos anos. Cansei de conhecer alunos somente no dia da prova; não "freqüentavam" os bancos escolares, mas eram assíduos nos bancos dos barzinhos próximos à faculdade. Por isso, talvez, nunca os tenha visto nos corredores do fórum. São até diplomados, mas não formados.

As atitudes positivas formam o tapete que nos levará ao sucesso e à felicidade.

2) Vimos, então, que é fundamental tomar atitudes. Contudo, voltamos ao dilema inicial: como agir quando estamos sem motivação? Como ter entusiasmo se mergulhamos numa caverna escura e não conseguimos encontrar a saída?

Amiúde, pensamos que nossos comportamentos sempre estão a depender dos nossos sentimentos. Explico. Se virmos uma pessoa cantando (comportamento), logo imaginamos que ela está contente (sentimento). É uma possibilidade, não há dúvida. É possível que a pessoa esteja mesmo cantando porque algo de bom lhe ocorrera.

Por isso que, em regra, não tomamos atitudes felizes até que nos ocorra algum episódio ditoso. Por isso que a pessoa desmotivada fica cada vez mais desmotivada, o doente cada vez mais doente, e o infeliz cada vez mais infeliz. Enquanto algo de bom não nos ocorre, continuamos a nos comportar como desanimados, tristes, enfermos, desempregados, carentes...

Aí está o nosso engano. Como o sentimento feliz nos leva a comportamentos felizes, a recíproca também é verdadeira.

O comportamento também produz sentimento.

Se agirmos como uma pessoa alegre age, também sentiremos alegria. Se estiver triste, por exemplo, não aja como uma pessoa triste, não vá ouvir "músicas de fossa", não procure pessoas melancólicas, nem lugares sombrios. Ainda que lhe falte alegria, comporte-se como uma pessoa alegre e, em breve, a alegria também vai tomar conta de você. Procure companhias alegres, lugares agradáveis, leituras otimistas, filmes engraçados, enfim faça tudo o que uma pessoa alegre faria. Um provérbio oriental sintetiza muito bem a idéia: "Admita a alegria que você não sente e logo sentirá a alegria que você admitiu".

Já comprovei que isso dá certo. Tenho realizado muitas palestras e seminários de motivação ao longo dos últimos anos. Num seminário que deveria realizar sobre auto-estima, eu, curiosamente, estava com a minha auto--estima em baixa. Pensei em desmarcar o seminário com mais de quinhentas pessoas inscritas. Como falaria a elas de algo que nem mesmo eu estava sentindo? Uma força espiritual, no entanto, me dizia: – Apresente o seminário e aja como se tivesse uma auto-estima elevada.

Fui para o desafio. Subi no palco e pensei: "Bem, já que estou aqui, vou produzir o meu melhor, vou mostrar às pessoas tudo aquilo que sei sobre o assunto". Comecei a abordagem e, aos poucos, fui me soltando com o público, por vezes até admitindo as minhas próprias fragilidades, mas sempre demonstrando conhecimento, confiança, sorrindo, brincando e motivando a platéia para o auto-amor. Em pouco tempo estava completamente motivado e passando ao público uma energia contagiante. Quando terminou o seminário, eu estava me sentindo muito bem, os problemas tinham diminuído sensivelmente de tamanho e eu me sentia confiante em poder resolvê-los com coragem e determinação.

Com isso, aprendi uma das lições mais importantes da minha vida:

**O passarinho canta porque é feliz,
mas também é feliz porque canta.**

capítulo 25

A ÁRVORE da transformação

O *EVANGELHO* conta a história de uma das mais vibrantes transformações que conhecemos. Ela nasceu de um encontro memorável: o de Jesus com Zaqueu. Eu gosto muito dessa narrativa, pois Zaqueu era um homem muito parecido conosco, pelo menos em seu drama emocional.

A história se passa na cidade de Jericó, onde Zaqueu residia e exercia o cargo de chefe dos cobradores de impostos. Jesus estava de passagem pela cidade e todos queriam conhecê-lo, em razão das notícias que se espalhavam em toda a região a respeito de suas pregações e curas.

Zaqueu tinha um sério problema de consciência. Além disso, ele não era querido pelos moradores de Jericó.

É possível extrair dessa história que Zaqueu não era justo na coleta de impostos, exorbitando cobranças, confiscando patrimônios construídos à custa de muito suor e sacrifício.

Zaqueu era rico, mas não era feliz.

Tinha poder, porém era odiado.

Tinha dinheiro, contudo não tinha paz.

Podia oferecer grandes banquetes, todavia não tinha amigos para convidar.

Tudo isso o entristecia muito. Se fosse examinado por um médico de hoje, Zaqueu seria diagnosticado como depressivo.

As notícias de Jesus trouxeram alento ao coração aflito de Zaqueu; queria ver Jesus, queria poder conversar com o Profeta do Amor. E o Mestre chega à cidade, e a população corre para ver o Nazareno. Com suas vestes caras, Zaqueu também vai e mistura-se à multidão, mas devido à baixa estatura, percebe que não conseguirá sequer ver Jesus, quanto mais falar com ele. Zaqueu sente que não pode perder a oportunidade, que precisa dar um jeito na situação.

Bem ao seu lado, há uma árvore e Zaqueu não tem dúvidas: resolve o problema de estatura subindo, com sacrifício, no tronco da frondosa figueira. Quando Jesus passa, olha para cima e exclama:

– Zaqueu, desce depressa, porque hoje gostaria de dormir em sua casa.[9]

---

9. Lucas, 19: 1-10.

Foi um choque de alegria no coração do cobrador de impostos. Na minha imaginação, Zaqueu não desceu da árvore, ele caiu de tanta emoção. Horas depois, quando Jesus se aproxima da casa do publicano, algumas pessoas comentavam alto e bom som que Jesus se hospedaria na casa de um pecador. Isso fere o coração já sangrando de Zaqueu. E ouvindo as acusações, o cobrador de impostos expressa a Jesus:

– Senhor, eis que eu dou aos pobres a metade dos meus bens; e, se algo subtraí de alguém, o restituo quadruplicado.

Jesus demonstrou profundo contentamento com a atitude de Zaqueu, dizendo que, com aquele gesto, ele estava salvo.

Para o Mestre Jesus, o mais sábio de todos os tempos, as atitudes positivas de Zaqueu trouxeram-lhe a salvação. Mas foi salvo de quê? Foi salvo do egoísmo, da depressão, da consciência atormentada pelos equívocos, salvo de uma vida profundamente infeliz. Zaqueu não foi salvo por meras intenções, desejos, vontades. Foi salvo por atitudes. Quais?

Primeiro, Zaqueu foi à praça para ver Jesus. Ele saiu de casa, saiu da cama, tirou o pijama, deixou o orgulho de pertencer a uma classe social rica e misturou-se ao povo. Quantas vezes nós queremos uma vida venturosa e nem nos damos ao trabalho de sair de casa, sair de nós mesmos, abandonar nossa tristeza para ir à praça e ver, como Zaqueu viu, tanta gente sofrida, tantas pessoas que, apesar da dor, jamais perderam a esperança em dias melhores.

A postura decisiva para Zaqueu foi a de subir na árvore. Era um gesto incomum para um homem rico, bem vestido, com destaque social. Ele demonstrou com esse gesto que, para sairmos do caos, precisamos de atitudes novas, criativas, ousadas, precisamos sair da mesmice e demonstrar muita firmeza. Zaqueu precisou de muita coragem para subir na árvore, a mesma coragem que nos falta para pular a fogueira dos nossos sofrimentos.

O fato de Zaqueu procurar uma posição mais elevada para ver Jesus também é um simbolismo que se traduz na necessidade que temos de ver nossos problemas sob um prisma superior. A solução de nossos desafios nunca estará no mesmo nível dos problemas. Zaqueu não enxergaria Jesus se ficasse no mesmo nível no qual se encontrava. Um casal jamais encontrará solução para as desarmonias conjugais se cada cônjuge permanecer olhando o problema do seu ponto de vista. É preciso ter compaixão para olhar o problema sob o ponto de vista do outro, e os dois olharem o conflito com olhos complacentes, aqueles mesmos olhos que um dia uniram os dois sob promessas de amor. Escreveu Viktor E. Frankl, um dos mais notáveis psiquiatras que a história registrou:

"As árvores que estão muito juntas na floresta não têm outra saída a não ser crescer para o alto."

Mas Zaqueu não ficou apenas na árvore. Quando Jesus diz que gostaria de dormir em sua casa, Zaqueu desce da árvore. Ele poderia ficar indeciso, com medo de receber em seu lar um profeta estranho, um homem desconhecido e tido como perigoso, revolucionário. Precisamos descer da árvore da indecisão, quebrar os galhos do medo que nos prendem a situações que nada mais representam de bom em nossa vida.

Quantas vezes recebemos o chamado para uma vida melhor, conhecemos livros com elevadas mensagens espirituais, tomamos contato com os ensinamentos de grandes mestres como Jesus, Buda, Confúncio, Lutero, Yogananda, Lao-tsé, Francisco de Assis, Allan Kardec, Masaharu Taniguchi, Krishnamurti, Dalai-lama, Francisco Cândido Xavier, porém permanecemos em cima da árvore. Não descemos para abrir nossa casa interior a fim de que as verdades eternas do espírito penetrem nossa alma. Quando o cobrador de impostos desce da figueira, ele já era outro homem. Subiu um, desceu outro.

Zaqueu, no entanto, foi além. Diante da consciência atormentada, ele percebe que não pode continuar a ser o mesmo homem, não pode continuar roubando o povo, não pode continuar a conviver em paz com pessoas a quem prejudicou sem que repare seu erro. Ele partilha seus bens com os mais pobres, e restitui, em quádruplo, a todos aqueles a quem prejudicou.

Também não podemos continuar repetindo os mesmos comportamentos que nos geraram tantos sofrimentos. A salvação somente virá com a nossa mudança, com a força de nossas atitudes benevolentes, com a coragem de nosso caráter, com a perseverança de nossa alma, com a alegria de nosso espírito, e com o calor de nosso peito.

Gostaria que você também se sentisse em Jericó, à espera de Jesus; por certo seu coração também está aflito, você também anseia por uma vida plena de amor e paz. Mas esse encontro tem uma condição: você também precisa subir na árvore da transformação. Agora é a hora, não mais amanhã, semana que vem, depois das férias. Hoje é o único tempo que existe, pois a vida não tem *replay*. Não se sabe se Jesus retornou em outra oportunidade a Jericó. Aquela foi a hora decisiva para Zaqueu, como agora foi dada a largada do segundo tempo da partida final do campeonato da sua vida.

Fiz de tudo para que este livro lhe sirva de simples escada, e torço para que você suba na árvore da transformação e desça renovado nas atitudes que o levarão à vida abundante que Deus reservou a você.

Com carinho e paz, em nome das forças espirituais que me inspiraram estas linhas, abraça-o o companheiro de jornada,

José Carlos De Lucca

bibliografia

Alerta, Espírito Joanna de Ângelis, psicografia de Divaldo Pereira Franco. Salvador: Leal, 1981.

Antes que você morra: revelações sobre o caminho sufi, Osho. SP: Madras Editora, 1999.

Desperte o gigante interior, Anthony Robbins. RJ: Record, 2000.

Dias melhores, Espírito Irmão José, psicografia de Carlos A. Baccelli. Uberaba: Leep, 2004.

Escutando sentimentos, Espírito Ermance Dufaux, psicografia de Wanderley S. Oliveira, Editora Dufaux.

Espelho, espelho meu, quem sou eu?, Maria Salette, Wilma Ruggeri, Eliana Ricco. Campinas: Verus Editora, 2003.

Histórias que curam: porque dão sentido à vida, Elisabeth Lukas. Campinas: Verus Editora, 2005.

1001 meditações: idéias para encontrar a paz e a serenidade, Mike George. SP: PubliFolha, 2005.

Muito além dos neurônios, Núbor O. Facure. SP: Associação Médico-Espírita de São Paulo (FE, Editora Jornalística), 1999.

O Evangelho Segundo o Espiritismo, Allan Kardec. SP: Petit Editora, 1996.

Orientação terapêutica à luz da psicologia espírita, Espírito Joanna de Ângelis, psicografia de Divaldo Pereira Franco. Salvador: Leal, 2002.

O Livro dos Espíritos, Allan Kardec. SP: Petit Editora, 1999.

Pequeno tratado das grandes virtudes, André Comte-Sponville. SP: Martins Fontes Editora, 2000.

Respostas da vida, Espírito André Luiz, psicografia de Francisco Cândido Xavier. SP: Ideal, 1980.

Tudo ou nada, Roberto Tadeu Shinyashiki. SP: Editora Gente, 2006.

Um retorno ao amor, Marianne Williamson. SP: Novo Paradigma Editora, 2002.

Você faz a diferença, John C. Maxwell. RJ: Thomas Nelson Brasil, 2007.

Ao terminar a leitura deste livro, talvez você tenha ficado com algumas dúvidas e perguntas a fazer, o que é um bom sinal. Sinal de que está em busca de explicações para a vida. Todas as respostas que você precisa estão nas Obras Básicas de Allan Kardec.

Se você gostou deste livro, o que acha de fazer com que outras pessoas venham a conhecê-lo também? Poderia comentá-lo com aquelas do seu relacionamento, dar de presente a alguém que talvez esteja precisando ou até mesmo emprestar àquele que não tem condições de comprá-lo. O importante é a divulgação da boa leitura, principalmente a da literatura espírita. Entre nessa corrente!

Livros de José Carlos De Lucca

Com os olhos do coração
A harmonia no relacionamento familiar é o alicerce da vida feliz! Para quem deseja entender e superar os desentendimentos que acontecem no lar é uma excelente oportunidade para conquistar uma vida melhor. Aponta, para cada caso, a medicina curadora do amor.

Para o dia nascer feliz
Recomendações práticas para superar dificuldades e vencer a incerteza, o desânimo e a depressão. Uma verdadeira investida na direção da felicidade, estimula a reformulação de atitudes diante da vida: passo decisivo para quem deseja viver dias verdadeiramente felizes.

Justiça além da vida
Advogado, Mário sonha em ser delegado. Em sua trajetória é confrontado com pessoas que não se importam com o bem-estar do próximo nem com a aplicação das leis. Um romance que ilustra como os caminhos escolhidos podem delinear a felicidade ou o sofrimento de amanhã...

Sem medo de ser feliz
Todos estão à procura da felicidade, mas muitos estão condicionando a sua felicidade a coisas externas, como riqueza, fama, sucesso profissional. Neste livro o autor nos ajuda a entender que ela não está fora de nós, é um estado de espírito, uma maneira de ver a vida.

Leia e recomende!
À venda nas livrarias espíritas e não espíritas

Obra vencedora do Concurso Literário Petit 30 Anos

Uma conversa amiga, com perguntas e respostas que surgem ao sabor dos acontecimentos.

Dividida em doze blocos, ou "diálogos", esta obra traz para o leitor alguns dos temas que mais aguçam e despertam a curiosidade dos leitores, como reencarnação; suicídio; deficiências; evolução dos espíritos; herança espiritual; aborto; entre muitos outros.

Sucesso da Petit Editora!

Allan Kardec

O Evangelho Segundo o Espiritismo
O livro espírita mais vendido agora disponível em moderna tradução: linguagem acessível a todos, leitura fácil e agradável, notas explicativas.

Disponível em três versões:
- **Brochura** (edição normal)
- **Espiral** (prático, facilita seu estudo)
- **Bolso** (fácil de carregar)

O Livro dos Espíritos
Agora, estudar o Espiritismo ficou muito mais fácil. Nova e moderna tradução, linguagem simples e atualizada, fácil leitura, notas explicativas.

Disponível em três versões:
- **Brochura** (edição normal)
- **Espiral** (prático, facilita seu estudo)
- **Bolso** (fácil de carregar)

O Livro dos Médiuns
Guia indispensável para entender os fenômenos mediúnicos, sua prática e desenvolvimento, tradução atualizada. Explicações racionais, fácil entendimento, estudo detalhado.

Disponível em duas versões:
- **Brochura** (edição normal)
- **Espiral** (prático, facilita seu estudo)

Coletânea de Preces Espíritas
Verdadeiro manual da prece. Orações para todas as ocasiões: para pedir, louvar e agradecer a Deus. Incluindo explicações e orientações espirituais.
- **Edição de Bolso**

Leia e recomende!
À venda nas boas livrarias espíritas e não espíritas.

Um bate-papo sincero e verdadeiro sobre diversos temas

Nada escapa à curiosidade dessas crianças!

Temas delicados, como sofrimento, suicídio, espiritismo e reencarnação, são tratados de uma forma bastante diferenciada nesta obra de Manolo Quesada. Por meio de perguntas e respostas, no melhor tom de bate-papo, o autor responde às perguntas e inquietações de suas netas, garotas muito curiosas e antenadas com as novidades do dia a dia.

Sucesso da Petit Editora!

A felicidade não é um destino, mas um caminho.

Um verdadeiro convite para estarmos abertos aos momentos oportunos que a vida nos oferece

Apoiado em conhecidos textos bíblicos, significativas passagens das obras básicas de Allan Kardec e pensadores em geral, o autor convida a todos a ter uma postura de reflexão e mudança perante sua existência terrena. O objetivo é um só: progredir, melhorar e evoluir.

Sucesso da Petit Editora!

Av. Porto Ferreira, 1031 - Parque Iracema
CEP 15809-020 - Catanduva-SP
17. 3531-4444
www.petit.com.br | petit@petit.com.br